DIE GRIECHISCHE JOGHURT-ODYSSEE

Eine Reise durch griechischen Joghurt. Vom Frühstück bis zum Dessert: Entfesseln Sie den cremigen und nahrhaften Zauber

Erik Baumann

Urheberrechtliches Material ©2023

Alle Rechte vorbehalten

Kein Teil dieses Buches darf in irgendeiner Form oder mit irgendwelchen Mitteln ohne die entsprechende schriftliche Zustimmung des Herausgebers und Urheberrechtsinhabers verwendet oder übertragen werden, mit Ausnahme von kurzen Zitaten, die in einer Rezension verwendet werden. Dieses Buch sollte nicht als Ersatz für medizinische, rechtliche oder andere professionelle Beratung betrachtet werden.

INHALTSVERZEICHNIS

INHALTSVERZEICHNIS **3**
EINFÜHRUNG **6**
FRÜHSTÜCKSPARFAITS **8**
   1. Griechisches Joghurt-Beeren-Glückseligkeitsparfait 9
   2. Mokka-Frühstücksparfait 11
   3. Griechisches Limoncello-Joghurt-Parfait 13
   4. Griechisches Honigwaben-Joghurt-Parfait 15
   5. Griechisches Prosecco-Joghurt-Parfait 17
   6. Waben-Müsliparfait 19
   7. Griechisches Joghurt-Biscoff-Parfait 21
   8. Honeycomb Candy Overnight Oats 23
   9. Griechisches Cornflake-Joghurt-Parfait 25
   10. Ferrero Rocher Frühstücksparfait 27
   11. Mit Hibiskus angereichertes Joghurtparfait 29
   12. Einmachglas-Chia-Parfait 31
   13. Grapefruit-Joghurt-Parfait 33
   14. Kahlua-Frühstücksparfait 35
   15. Hummer-Mango-Parfait 37
   16. Minz-Pfirsich-Frühstücksparfait **39**
   17. Passionsfrucht-Joghurt-Parfait 41
   18. Piña Colada Frühstücksparfait 43
   19. Schwarzwälder Bircher 45
   20. Gegrilltes Pfirsich-Joghurt-Parfait 47
   21. Pavlova-Parfait 49
   22. PB&J Joghurtparfait 51
   23. Birnen-Pistazien-Parfait-Gläser 53
   24. Schmetterlingserbsen- und Chiasamen-Parfait 55
PFANNKUCHEN **57**
   25. Überraschungspfannkuchen zum Geburtstag 58
   26. Griechische Joghurt-Quinoa-Pfannkuchen 60
   27. Griechische Joghurt-Haferflocken-Pfannkuchen 62
   28. Vanille-Mandel-Pfannkuchen 64
   29. Erdnuss-, Bananen- und Schokoladenpfannkuchen 66
   30. Bananenbrot-Pfannkuchen 68
   31. Erdbeer-Käsekuchen-Pfannkuchen 70
   32. Mexikanische Schokoladenpfannkuchen 72
   33. Blaubeer-Mango-Pfannkuchen 74
   34. Piña-Colada-Pfannkuchen 76
   35. Bananen-Blaubeer-Pfannkuchen 78

36. Erdbeer-Bananen-Pfannkuchen 80
37. Lebkuchenpfannkuchen 82

SMOOTHIES UND SMOOTHIEBOWLS 84
38. Griechischer Joghurt Biscoff Smoothie Bowl 85
39. Jack Daniel's Blaubeer-Smoothie 87
40. Jack Daniel's Schokoladen-Smoothie 89
41. Honeycomb Candy Yogurt Bowl 91
42. Cornflake-Beeren-Smoothie-Bowl 93
43. Hibiskus-Smoothie-Bowl 95
44. Jack Daniel's Pfirsich-Smoothie 97
45. Erdbeer-Smoothie 99
46. Kahlua-Smoothie 101
47. Minz-Erdbeer-Smoothie 103
48. Cremiger amerikanischer Käse-Smoothie 105
49. Mandel-Joy-Smoothie 107
50. Schwarzwälder Smoothie 109
51. Drachenfrucht- und Müsli-Joghurt-Schüssel 111
52. Beeren-Drachenfrucht-Smoothie 113
53. Klassischer Nutella-Smoothie 115
54. Himbeer-Nutella-Smoothies 117
55. Açaí-Bowl mit Pfirsichen und Microgreens 119
56. Pavlova Quinoa-Schüssel 121
57. Ube- und Bananenschüssel 123

SNACKS UND VORSPEISEN 125
58. Mit griechischem Joghurt überzogene Brezeln 126
59. Kräuterkrapfen mit Joghurt-Aprikosen-Dip 128
60. Zitronen-Donuts mit Pistazien 130
61. Tiramisu-Proteinriegel 133
62. Tiramisu-Muffins 136
63. Spinat-Feta-Donuts 138
64. Glasierte, flauschige Schokoladen-Donuts 140
65. Pop-Tarts aus der Heißluftfritteuse 143

DIPS 146
66. Griechischer Limoncello-Joghurt-Dip 147
67. Lunchbox Erdbeer-Joghurt-Dip 149
68. Ranch-Dip 151
69. Knoblauch-Speck-Dip 153
70. Konfetti-Kuchenteig-Dip 155
71. Hibiskus-Joghurt-Dip 157
72. Grapefruit-Joghurt-Dip 159

73. Minz-Joghurt-Sauce 161

HAUPTKURS **163**
74. Hibiskus-Schwarzbohnensuppe 164
75. **Lammhackbraten mit Joghurtsauce** 166
76. Lachs-Eier-Wrap 169
77. Zitronenreis mit gebratenem Lachs 171
78. Minziger Lachssalat 173
79. Geschichteter Obst- und Garnelensalat 175
80. Gesunder Waldorfsalat mit Drachenfrüchten 177
81. Drachenfrucht- und Krabbensalat 179
82. Tacos mit frischem Obst 181
83. Würzige Thunfisch-Bowls 183

NACHTISCH **185**
84. Snickers Frozen Yogurt 186
85. Limoncello-Blaubeer-Frozen-Joghurt 188
86. Griechisches Joghurt-Marshmallow-Mousse 190
87. Frühstücksbecher zum Geburtstag 192
88. Mango-Joghurt-Dummkopf 194
89. Matcha-, Yuzu- und Mango-Eis am Stiel 196
90. Passionsfrucht-Käsekuchen ohne Backen 198
91. Meeresfrüchte-Törtchen aus Alaska 201
92. Amaretti-Keks-Eiscreme 203
93. Griechisches Affogato 205
94. Goldenes Feigeneis mit Rum 207
95. Orangenlikör und Rosenwassereis 209
96. Griechischer Joghurt Panna Cotta mit Dattelpüree 211
97. **Açaí-Eis am Stiel** 214
98. Knusprige Joghurt-Bonbon-Pops 216
99. Himbeer-Joghurt-Eis am Stiel 218
100. Kürbiskuchen-Käsekuchenschalen 220

ABSCHLUSS **223**

EINFÜHRUNG

Willkommen in der bezaubernden Welt des griechischen Joghurts! In diesem Kochbuch laden wir Sie ein, sich auf ein kulinarisches Abenteuer einzulassen, das die Vielseitigkeit und den gesunden Nutzen dieses beliebten Milchgenusses zelebriert. Von Frühstücksbowls bis hin zu herzhaften Mahlzeiten und von köstlichen Desserts bis hin zu erfrischenden Getränken – griechischer Joghurt ist eine vielseitige Zutat, die jedem Gericht eine cremige und nahrhafte Note verleiht.

Griechischer Joghurt ist mit seiner reichhaltigen und samtigen Textur zu einem festen Bestandteil in Küchen auf der ganzen Welt geworden. Griechischer Joghurt ist für seinen würzigen Geschmack und seine probiotischen Vorteile bekannt und bietet unzählige Möglichkeiten, sowohl gesunde als auch genussvolle kulinarische Meisterwerke zu kreieren. In diesem Kochbuch laden wir Sie ein, uns auf eine Reise zu begleiten, bei der griechischer Joghurt im Mittelpunkt steht und Sie dazu inspiriert, sein cremiges Potenzial in jeder Mahlzeit des Tages zu nutzen.

Auf diesen Seiten entdecken Sie eine Schatzkammer köstlicher Rezepte, die die Vielseitigkeit von griechischem Joghurt unter Beweis stellen. Von proteinreichen Smoothies und Parfaits bis hin zu pikanten Dressings und Dips und von wohltuenden Suppen und Marinaden bis hin zu dekadenten Desserts und gefrorenen Leckereien haben wir eine Kollektion zusammengestellt, die alle Geschmacksknospen und Ernährungsvorlieben befriedigt. Ob Sie ein gesundheitsbewusster Mensch sind,

Doch dieses Kochbuch ist mehr als nur eine Zusammenstellung von Rezepten. Wir tauchen auch in die Welt des griechischen Joghurts ein und teilen seine Geschichte, gesundheitliche Vorteile und Tipps zur Auswahl und Verwendung dieser köstlichen Zutat. Wir führen Sie durch die verschiedenen Arten von griechischem Joghurt und zeigen Ihnen, wie Sie Ihren eigenen Joghurt zu Hause herstellen können, sodass Sie Ihr Joghurterlebnis wirklich individuell gestalten können. Mit unseren hilfreichen Tipps und Alternativen können Sie die Rezepte an Ihre Ernährungsbedürfnisse und Vorlieben anpassen.

Egal, ob Sie Ihren Tag mit einem proteinreichen Frühstück beginnen, ein gesundes Mittag- oder Abendessen zubereiten oder sich ein Dessert ohne schlechtes Gewissen gönnen möchten. Machen Sie sich bereit für ein Geschmacksabenteuer und entdecken Sie die unzähligen Möglichkeiten, mit denen griechischer Joghurt Ihre kulinarischen Kreationen aufwerten kann.

FRÜHSTÜCKSPARFAITS

1.Griechisches Joghurt-Beeren-Glückseligkeitsparfait

ZUTATEN:
- 1 Tasse gemischte Beeren
- 1 Tasse griechischer Joghurt
- ½ Tasse Müsli
- 2 Esslöffel Honig

ANWEISUNGEN:

a) In ein Glas oder Gefäß die Hälfte der gemischten Beeren auf den Boden schichten.

b) Die Hälfte des griechischen Joghurts auf die Beeren geben.

c) Die Hälfte des Granolas über den Joghurt streuen.

d) Mit einem Esslöffel Honig beträufeln.

e) Wiederholen Sie die Schichten mit den restlichen Beeren, Joghurt, Müsli und Honig.

f) Sofort servieren oder für den späteren Genuss im Kühlschrank aufbewahren.

2.Mokka-Frühstücksparfait

ZUTATEN:
- 1 Tasse griechischer Joghurt
- 1 Esslöffel Kakaopulver
- 1 Esslöffel Instantkaffeegranulat
- 1 Esslöffel Honig oder Süßstoff nach Wahl
- Müsli und frische Beeren zum Schichten

ANWEISUNGEN:

a) In einer Schüssel griechischen Joghurt, Kakaopulver, Instantkaffeegranulat und Honig vermischen.

b) Gut umrühren, bis die Mischung glatt ist und die Zutaten vollständig eingearbeitet sind.

c) In einem Glas die Mokka-Joghurt-Mischung mit Müsli und frischen Beeren schichten.

d) Wiederholen Sie die Schichten, bis das Glas oder Gefäß gefüllt ist.

e) Mit einem weiteren Klecks Mokka-Joghurt belegen und mit Beeren garnieren.

f) Servieren Sie das Mokka-Frühstücksparfait sofort oder stellen Sie es bis zum Genießen in den Kühlschrank.

3.Griechisches Limoncello-Joghurt-Parfait

ZUTATEN:
- 1 Tasse griechischer Joghurt
- 1 Esslöffel Honig
- 1 Esslöffel Limoncello-Likör
- ½ Tasse Müsli
- Frische Beeren zum Garnieren

ANWEISUNGEN:

a) In einer kleinen Schüssel griechischen Joghurt, Honig und Limoncello gut vermischen.

b) In Serviergläsern oder Schüsseln die Joghurtmischung mit Müsli und frischen Beeren schichten.

c) Wiederholen Sie die Schichten, bis Sie oben angekommen sind.

d) Zum Abschluss mit einer Prise Müsli und ein paar Beeren bestreuen.

e) Als erfrischendes und leichtes Frühstück oder Brunch sofort servieren.

4.Griechisches Honigwaben-Joghurt-Parfait

ZUTATEN:
- 1 Tasse griechischer Joghurt
- 2 Esslöffel Honig
- ¼ Tasse zerkleinerte Wabenbonbons
- ¼ Tasse Müsli
- Frische Beeren zum Garnieren (optional)

ANWEISUNGEN:

a) Mischen Sie in einer Schüssel den griechischen Joghurt und den Honig, bis alles gut vermischt ist.

b) Honigjoghurt, zerkleinerte Wabenbonbons und Müsli in ein Glas oder Gefäß schichten.

c) Wiederholen Sie die Schichten, bis alle Zutaten verbraucht sind.

d) Nach Belieben mit frischen Beeren belegen.

e) Das Waben-Joghurt-Parfait sofort servieren oder bis zum Genuss im Kühlschrank aufbewahren.

5.Prosecco griechisches Joghurtparfait

ZUTATEN:
- 1 Tasse griechischer Joghurt
- 2 Esslöffel Honig
- ½ Teelöffel Vanilleextrakt
- 1 Tasse Müsli
- 1 Tasse gemischte frische Beeren
- ¼ Tasse Prosecco

ANWEISUNGEN:

a) In einer kleinen Schüssel griechischen Joghurt, Honig und Vanilleextrakt glatt rühren.

b) In Serviergläsern oder Schüsseln die griechische Joghurtmischung, das Müsli, die frischen Beeren und einen Spritzer Prosecco schichten.

c) Wiederholen Sie die Schichten, bis die Zutaten aufgebraucht sind, und geben Sie zum Abschluss einen Klecks griechischen Joghurt und eine Prise Müsli darüber.

d) Sofort als köstliches Prosecco-Joghurt-Parfait servieren.

6. Waben-Müsli-Parfait

ZUTATEN:
- 1 Tasse Wabenmüsli
- 1 Tasse griechischer Joghurt
- 1 Tasse gemischte frische Beeren
- Honig zum Beträufeln

ANWEISUNGEN:

a) In ein Glas oder Glas Wabenmüsli, griechischen Joghurt und gemischte frische Beeren schichten.

b) Über jede Schicht Honig träufeln.

c) Wiederholen Sie die Schichten, bis die Zutaten verbraucht sind.

d) Geben Sie einen zusätzlichen Schuss Honig und ein paar Waben-Müslistücke darüber.

e) Servieren und genießen Sie dieses knusprige und süße Waben-Müsliparfait.

7. Griechisches Joghurt-Biscoff-Parfait

ZUTATEN:
- 1 Tasse griechischer Joghurt
- 2 Esslöffel Biscoff-Aufstrich
- 1 Esslöffel Honig oder Ahornsirup
- ½ Tasse Müsli
- Frische Beeren (Erdbeeren, Blaubeeren, Himbeeren)
- Biscoff-Kekskrümel (zum Garnieren)

ANWEISUNGEN:

a) In einer Schüssel griechischen Joghurt, Biscoff-Aufstrich und Honig oder Ahornsirup gut vermischen.

b) In Serviergläser oder Gläser die Biscoff-Joghurtmischung, das Müsli und die frischen Beeren schichten.

c) Wiederholen Sie die Schichten, bis die Gläser/Gläser gefüllt sind.

d) Für zusätzliche Knusprigkeit und Geschmack mit einer Prise Biscoff-Kekskrümel bestreuen.

e) Servieren Sie das Biscoff-Frühstücksparfait gekühlt und genießen Sie die cremige, fruchtige und knusprige Kombination.

8. Honeycomb Candy Overnight Oats

ZUTATEN:
- ½ Tasse Haferflocken
- ½ Tasse Milch (auf Milch- oder Pflanzenbasis)
- ½ Tasse griechischer Joghurt
- 1 Esslöffel Honig
- ¼ Tasse Wabenbonbons, zerkleinert
- Frisches Obst zum Garnieren

ANWEISUNGEN:

a) In einem Glas oder Behälter Haferflocken, Milch, griechischen Joghurt und Honig vermischen.
b) Zum Kombinieren gut umrühren.
c) Streuen Sie zerkleinerte Wabenbonbons über die Mischung.
d) Decken Sie das Glas oder den Behälter ab und stellen Sie es über Nacht in den Kühlschrank.
e) Morgens die Haferflocken gut umrühren.
f) Mit frischem Obst und zusätzlich zerkleinerten Wabenbonbons belegen.
g) Genießen Sie diese einfachen und köstlichen Wabenbonbons über Nacht.

9.Griechisches Cornflake-Joghurt-Parfait

ZUTATEN:
- 1 Tasse griechischer Joghurt
- 1 Tasse frische Beeren (z. B. Erdbeeren, Blaubeeren oder Himbeeren)
- ½ Tasse zerstoßene Cornflakes
- Honig oder Ahornsirup zum Beträufeln

ANWEISUNGEN:

a) In ein Glas oder eine Schüssel griechischen Joghurt, frische Beeren und zerstoßene Cornflakes schichten.

b) Wiederholen Sie die Schichten, bis alle Zutaten verbraucht sind.

c) Mit Honig oder Ahornsirup beträufeln.

d) Sofort servieren und genießen!

10. Ferrero Rocher Frühstücksparfait

ZUTATEN:
- 1 Tasse griechischer Joghurt
- ½ Tasse Müsli
- 4 Ferrero Rocher-Pralinen, gehackt
- Gehackte Haselnüsse zum Garnieren

ANWEISUNGEN:

a) In ein Glas oder Gefäß griechischen Joghurt, Müsli und gehackte Ferrero Rocher-Pralinen schichten.

b) Wiederholen Sie die Schichten, bis Sie den oberen Rand des Glases erreichen.

c) Mit einem Klecks griechischem Joghurt und einer Prise gehackten Haselnüssen abschließen.

d) Das Parfait sofort servieren oder bis zum Genuss im Kühlschrank aufbewahren.

11. Mit Hibiskus angereichertes Joghurtparfait

ZUTATEN:
- 1 Tasse griechischer Joghurt oder pflanzlicher Joghurt
- 2 Esslöffel Hibiskussirup oder Hibiskusteekonzentrat
- Frische Beeren (wie Erdbeeren, Blaubeeren oder Himbeeren)
- Granola oder Nüsse zum Bestreuen

ANWEISUNGEN:

a) Mischen Sie in einer Schüssel den griechischen Joghurt und den Hibiskussirup oder das Teekonzentrat, bis alles gut vermischt ist.

b) Geben Sie den mit Hibiskus angereicherten Joghurt, die frischen Beeren und das Müsli oder die Nüsse in ein Glas.

c) Wiederholen Sie die Schichten, bis alle Zutaten verbraucht sind.

d) Belegen Sie das Parfait mit zusätzlichen frischen Beeren und einer Prise Müsli oder Nüssen.

e) Servieren Sie das mit Hibiskus angereicherte Joghurtparfait sofort und genießen Sie ein köstliches und nahrhaftes Frühstück.

12. Einmachglas-Chia-Parfait

ZUTATEN:
- 1 ¼ Tassen 2 % Milch
- 1 Tasse 2 % griechischer Naturjoghurt
- ½ Tasse Chiasamen
- 2 Esslöffel Honig
- 2 Esslöffel Zucker
- 1 Esslöffel Orangenschale
- 2 Teelöffel Vanilleextrakt
- ¾ Tasse segmentierte Orangen
- ¾ Tasse segmentierte Mandarinen
- ½ Tasse segmentierte Grapefruit

ANWEISUNGEN:

a) In einer großen Schüssel Milch, griechischen Joghurt, Chiasamen, Honig, Zucker, Orangenschale, Vanille und Salz gut verrühren.

b) Verteilen Sie die Mischung gleichmäßig auf vier (16-Unzen) Einmachgläser. Über Nacht oder bis zu 5 Tage im Kühlschrank lagern.

c) Kalt servieren, garniert mit Orangen, Mandarinen und Grapefruit.

13. Grapefruit-Joghurt-Parfait

ZUTATEN:
- 1 Grapefruit, segmentiert
- 1 Tasse griechischer Naturjoghurt
- 2 Esslöffel Honig
- ¼ Tasse Müsli

ANWEISUNGEN:

a) In einer kleinen Schüssel Joghurt und Honig vermischen.

b) In einem Glas oder einer Schüssel die Grapefruitstücke, die Joghurtmischung und das Müsli schichten.

c) Wiederholen Sie die Schichten, bis alle Zutaten aufgebraucht sind.

d) Sofort servieren.

14. Kahlua-Frühstücksparfait

ZUTATEN:
- 1 Tasse griechischer Joghurt
- 2 Esslöffel Honig
- 2 Esslöffel Kahlua
- ½ Tasse Müsli
- Frische Beeren (z. B. Erdbeeren, Blaubeeren, Himbeeren)
- Gehackte Nüsse (optional)

ANWEISUNGEN:

a) In einer kleinen Schüssel griechischen Joghurt, Honig und Kahlua verrühren.

b) In ein Glas oder eine Schüssel den Kahlua-Joghurt, das Müsli und die frischen Beeren schichten und den Vorgang wiederholen.

c) Nach Belieben mit gehackten Nüssen bestreuen.

d) Genießen Sie das Kahlua-Frühstücksparfait als gesunden und geschmackvollen Morgengenuss.

15. Hummer-Mango-Parfait

ZUTATEN:
- 2 Hummerschwänze, gekocht und gewürfelt
- 2 reife Mangos, geschält und gewürfelt
- 1 Tasse griechischer Joghurt
- 1 Esslöffel Honig
- ¼ Tasse zerkleinerte Graham Cracker
- Frische Minzblätter zum Garnieren

ANWEISUNGEN:

a) Mischen Sie in einer kleinen Schüssel den griechischen Joghurt und den Honig, bis alles gut vermischt ist.

b) In Serviergläsern oder Schüsseln die gewürfelten Mangos, das gewürfelte Hummerfleisch und die Honig-Joghurt-Mischung schichten.

c) Wiederholen Sie die Schichten, bis die Gläser gefüllt sind.

d) Streuen Sie zerkleinerte Graham Cracker auf jedes Parfait.

e) Mit frischen Minzblättern garnieren.

f) Vor dem Servieren mindestens 1 Stunde in den Kühlschrank stellen, damit sich die Aromen vermischen.

g) Kühl servieren und die erfrischende Kombination aus Hummer und Mango in diesem köstlichen Parfait genießen.

16. Minz-Pfirsich-Frühstücksparfait

ZUTATEN:
- ½ Tasse Haferflocken
- ½ Tasse ungesüßte Vanille-Mandelmilch
- ½ Tasse griechischer Naturjoghurt
- 1 Pfirsich, gewürfelt
- 1 Esslöffel Honig
- 1 Esslöffel gehackte frische Minzblätter
- 1 Esslöffel gehackte Nüsse (z. B. Mandeln oder Pekannüsse)

ANWEISUNGEN:

a) In einer Schüssel Haferflocken und Mandelmilch vermischen.

b) Aufsehen. Decken Sie die Schüssel ab und stellen Sie sie über Nacht in den Kühlschrank.

c) Morgens die Hafermischung, griechischen Joghurt, Pfirsichwürfel, Honig, Minzblätter und gehackte Nüsse in ein Parfaitglas oder Glas schichten.

d) Den Schichtaufbau wiederholen, bis alle Zutaten aufgebraucht sind.

e) Sofort servieren oder abdecken und für später im Kühlschrank aufbewahren.

f) Genießen!

17. Passionsfrucht-Joghurt-Parfait

ZUTATEN:
- 2 Tassen griechischer Naturjoghurt
- ½ Tasse Passionsfruchtmark
- ¼ Tasse Honig
- 1 Tasse Müsli

ANWEISUNGEN:

a) In einer Rührschüssel griechischen Joghurt, Passionsfruchtmark und Honig vermischen.

b) Die Joghurtmischung und das Müsli in ein Glas oder Gefäß schichten.

c) Mit zusätzlichem Passionsfruchtmark und Müsli belegen.

d) Sofort servieren.

18. Piña Colada Frühstücksparfait

ZUTATEN:
- 1/2 Tasse griechischer Joghurt
- 1/2 Tasse gewürfelte Ananas
- 1/4 Tasse Kokosraspeln
- 2 Esslöffel Honig
- 2 Esslöffel Ananassaft
- Granola als Topping

ANWEISUNGEN:

a) In einer Schüssel griechischen Joghurt, Ananaswürfel, Kokosraspeln, Honig und Ananassaft vermischen.

b) Die Mischung abwechselnd mit Müslischichten in ein Servierglas geben.

c) Mit weiteren Ananaswürfeln und Kokosraspeln belegen.

19. Schwarzwälder Bircher

ZUTATEN:
- 2 kleine Birnen, gerieben
- 10 Esslöffel (60 g) Haferflocken
- 1 Esslöffel Kakaopulver oder Kakaopulver
- 200 g griechischer Joghurt plus 4 Esslöffel
- 5 Esslöffel Milch
- 1 Esslöffel Ahornsirup oder Honig, plus etwas mehr zum Servieren (optional)
- 200 g Kirschen, halbiert und entkernt
- 2 Quadrate dunkle Schokolade

ANWEISUNGEN:

a) Birnen, Haferflocken, Kakao, Joghurt, Milch und Ahornsirup in einer Schüssel vermischen. Auf vier Schüsseln verteilen (oder Behälter, wenn Sie es zur Arbeit mitnehmen).

b) Belegen Sie jede Portion mit einigen Kirschen, 1 Esslöffel Joghurt und nach Belieben mit etwas Ahornsirup. Die Schokolade fein über den Bircher reiben und jede Portion leicht bestäuben.

c) Sofort essen oder bis zu 2 Tage im Kühlschrank aufbewahren.

20. Gegrilltes Pfirsich-Joghurt-Parfait

ZUTATEN:
- 4 Pfirsiche, halbiert und entkernt
- 2 Tassen griechischer Joghurt
- ¼ Tasse Honig
- ½ Tasse Müsli
- Frische Minzblätter zum Garnieren

ANWEISUNGEN:

a)   Den Grill auf mittlere Hitze vorheizen.

b)   Die Pfirsichhälften auf jeder Seite 2-3 Minuten grillen, bis sie weich sind und Grillspuren entstehen.

c)   In einer kleinen Schüssel griechischen Joghurt und Honig verrühren.

d)   Um das Parfait zusammenzustellen, geben Sie eine Schicht Joghurt in ein Glas, gefolgt von einer Schicht Müsli und einer gegrillten Pfirsichhälfte.

e)   Wiederholen Sie die Schichtung, bis das Glas voll ist.

f)   Mit einem Klecks Joghurt, Müsli und frischen Minzblättern belegen.

21. Pavlova-Parfait

ZUTATEN:
- 1 Tasse griechischer Joghurt
- ½ Tasse gemischte Beeren
- ¼ Tasse Müsli
- 1 Mini-Pavlova-Schale, zerbröselt

ANWEISUNGEN:

a) In ein Parfaitglas oder eine Schüssel den griechischen Joghurt, die gemischten Beeren und das Müsli schichten.

b) Streuen Sie die zerbröckelte Mini-Pavlova-Schale über das Parfait.

c) Wiederholen Sie die Schichten, bis das Glas oder die Schüssel bis zum Rand gefüllt ist.

d) Sofort servieren.

22. PB&J Joghurtparfait

ZUTATEN:
- 1 Tasse griechischer Naturjoghurt
- 2 EL Erdnussbutter
- 2 EL Gelee oder Marmelade
- ½ Tasse Müsli
- Belag: frische Beeren, Streusel, Bananenscheiben usw.

ANWEISUNGEN:
a) Joghurt, Erdnussbutter und Gelee oder Marmelade gut vermischen.
b) Joghurtmischung und Müsli in ein Servierglas oder Glas schichten.
c) Geben Sie die gewünschten Toppings darüber.
d) Servieren und genießen!

23. Birnen-Pistazien-Parfait-Gläser

ZUTATEN:
BIRNEN-CHIA-PUDDING:
- ¼ Tasse Birnenpüree
- ⅓ Tasse ungesüßte Vanille- oder Mandelmilch
- 3 Esslöffel Chiasamen
- Birnen-Avocado-Pudding:
- 1 reife Avocado
- 1-2 Teelöffel Honig oder Kokosnektar, je nach gewünschter Süße
- 2 Esslöffel Birnenpüree

ÜBRIGE SCHICHTEN & VERZIERUNGEN:
- ½ Tasse Ihres Lieblingsmüsli
- ½ Tasse griechischer Vanillejoghurt
- ¼ Tasse gehackte frische Birne
- 2 Esslöffel gehackte Pistazien
- 2 Teelöffel Honig oder Kokosnektar

ANWEISUNGEN:
a) Beginnen Sie mit der Zubereitung des Birnen-Chia-Puddings, indem Sie alle Zutaten in eine Schüssel geben, vermischen, bis alles gut vermischt ist, und dann 15–20 Minuten im Kühlschrank ruhen lassen, damit es eindickt.

b) Als nächstes bereiten Sie den Avocado-Birnen-Pudding zu, indem Sie alle Zutaten in eine kleine Küchenmaschine oder ein Baby-Bullet geben und zerkleinern, bis die Mischung glatt ist. Testen Sie den Geschmack und fügen Sie mehr Honig/Kokosnektar hinzu, wenn Sie den Avocado-Pudding lieber süßer mögen.

c) Sobald der Chia-Pudding eingedickt ist, rühren Sie ihn noch einmal um und Sie können alle Zutaten schichten.

d) Teilen Sie Müsli, Joghurt, Chia-Pudding und Avocado-Pudding in zwei 8-Unzen-Gläsern auf und schichten Sie diese in beliebiger Anordnung zwischen den beiden Gläsern.

e) Zum Schluss jedes Glas mit 2 Esslöffeln gehackter frischer Birne und 1 Esslöffel gehackten Pistazien belegen und dann jedes Glas mit 1 Teelöffel Honig oder Kokosnussnektar beträufeln.

24. Schmetterlingserbsen- und Chiasamen-Parfait

ZUTATEN:
- 2 Esslöffel Schmetterlingserbsenblume
- 1-1/2 Tassen Mandelmilch, 200 °F
- 1 Esslöffel Honig oder Agave
- 4 Esslöffel Chiasamen

DIENEN:
- 1 Tasse griechischer Joghurt
- Eine Handvoll Beeren

ANWEISUNGEN:

a) Die heiße Mandelmilch zu den Schmetterlingserbsenblüten geben und 3-5 Minuten ziehen lassen, dann die Schmetterlingserbsenblüten abseihen.

b) In einen Behälter mit Deckel das Süßungsmittel und die Chiasamen geben.

c) Umrühren und über Nacht in den Kühlschrank stellen.

DIENEN:

d) In einer Tasse oder einer kleinen Schüssel griechischen Joghurt und die beiden verschiedenen Chia-Puddings darauf verteilen, sodass Parfait-Schichten entstehen.

e) Nach Belieben mit Beeren und mehr Honig garnieren. Kalt servieren.

PFANNKUCHEN

25. Pfannkuchen zur Geburtstagsüberraschung

ZUTATEN:
- 1 Tasse Dinkelmehl
- 2 Esslöffel zuckerfreie Vanillepuddingmischung
- ½ Teelöffel Backpulver
- ½ Teelöffel Backpulver
- ¾ Tasse griechischer Naturjoghurt
- ½ Tasse + 2 Esslöffel 2 % fettarme Milch
- 1 großes Ei
- 2 Esslöffel Ahornsirup
- ¼ Tasse Regenbogenstreusel, plus mehr zum Garnieren (optional)

ANWEISUNGEN:

a) Mehl, Pudding, Backpulver und Natron in eine Schüssel geben und verrühren.

b) In einer anderen Schüssel Joghurt, Milch, Ei und Ahornsirup verrühren, bis alles gut vermischt ist.

c) Die feuchten Zutaten zu den trockenen Zutaten geben und verrühren, bis alles gut vermischt ist.

d) Lassen Sie den Teig 2 bis 3 Minuten ruhen. Dadurch kommen alle Zutaten zusammen und der Teig erhält eine bessere Konsistenz.

e) Nachdem der Teig ruht, die Streusel unterrühren.

f) Eine beschichtete Pfanne oder Grillplatte großzügig mit Pflanzenöl einsprühen und bei mittlerer Hitze erhitzen.

g) Sobald die Pfanne heiß ist, geben Sie den Teig mit einem ¼-Tassen-Messbecher hinzu und gießen Sie den Teig in die Pfanne, um den Pfannkuchen zuzubereiten. Verwenden Sie den Messbecher, um den Pfannkuchen zu formen.

h) Backen Sie den Pfannkuchen, bis die Seiten fest sind und sich in der Mitte Blasen bilden (ca. 2 bis 3 Minuten). Drehen Sie dann den Pfannkuchen um.

i) Sobald der Pfannkuchen auf dieser Seite gar ist, nehmen Sie ihn vom Herd und legen Sie ihn auf einen Teller.

j) Führen Sie diese Schritte mit dem restlichen Teig fort.

26. Griechischer Joghurt Quinoa-Pfannkuchen

ZUTATEN:

- 1 Tasse (beliebige Farbe) gekochte Quinoa
- ¾ Tasse Quinoamehl
- 2 Teelöffel Backpulver
- ½ Teelöffel Salz
- 1 Esslöffel geschmolzene Butter
- ¼ Tasse griechischer Joghurt
- 2 Esslöffel 2 % fettarme Milch
- 2 große Eier, geschlagen
- 2 Esslöffel Ahornsirup
- 1 Teelöffel Vanilleextrakt
- Obstkonserven zum Servieren (optional)

ANWEISUNGEN:

a) Quinoa, Mehl, Backpulver und Salz in eine große Schüssel geben und gründlich verrühren.

b) In einer anderen Schüssel Butter, Joghurt, Milch, Eier, Ahornsirup und Vanille verquirlen. Alles gut verrühren, sodass alles gut vermischt ist.

c) Die feuchten Zutaten zu den trockenen Zutaten geben und verrühren, bis alles gut vermischt ist.

d) Lassen Sie den Teig 2 bis 3 Minuten ruhen. Dadurch kommen alle Zutaten zusammen und der Teig erhält eine bessere Konsistenz.

e) Eine beschichtete Pfanne oder Grillplatte großzügig mit Pflanzenöl einsprühen und bei mittlerer Hitze erhitzen.

f) Sobald die Pfanne heiß ist, geben Sie den Teig mit einem ¼-Tassen-Messbecher hinzu und gießen Sie den Teig in die Pfanne, um den Pfannkuchen zuzubereiten. Verwenden Sie den Messbecher, um den Pfannkuchen zu formen.

g) Backen Sie den Pfannkuchen, bis die Seiten fest sind und sich in der Mitte Blasen bilden (ca. 2 bis 3 Minuten). Drehen Sie dann den Pfannkuchen um.

h) Sobald der Pfannkuchen auf dieser Seite gar ist, nehmen Sie ihn vom Herd und legen Sie ihn auf einen Teller.

i) Führen Sie diese Schritte mit dem restlichen Teig fort. Nach Belieben mit Obstkonfitüre servieren.

27. Griechische Joghurt-Haferflocken-Pfannkuchen

ZUTATEN:
- 1¾ Tassen altmodische Haferflocken
- 1½ Teelöffel Backpulver
- 1 Teelöffel Backpulver
- ½ Teelöffel Zimt
- ¼ Teelöffel Salz
- 1 großes Ei
- 2 Esslöffel Kokosöl, geschmolzen
- 1 Esslöffel Ahornsirup und mehr zum Servieren
- 1 Teelöffel Vanilleextrakt
- 1 Tasse griechischer Naturjoghurt
- ¼ Tasse 2 % fettarme Milch

ANWEISUNGEN:

a) Alle Zutaten in einen Mixer geben. Das geschmolzene Kokosöl kann in Kombination mit kälteren Zutaten hart werden. Wenn Sie möchten, können Sie die Milch daher leicht erwärmen, um dies zu verhindern.

b) Alles im Mixer pürieren, bis eine glatte Flüssigkeit entsteht.

c) Gießen Sie die Pfannkuchenmischung in eine große Schüssel.

d) Lassen Sie den Teig 5 bis 10 Minuten ruhen. Dadurch kommen alle Zutaten zusammen und der Teig erhält eine bessere Konsistenz.

e) Eine beschichtete Pfanne oder Grillplatte großzügig mit Pflanzenöl einsprühen und bei mittlerer Hitze erhitzen.

f) Sobald die Pfanne heiß ist, geben Sie den Teig mit einem ¼-Tassen-Messbecher hinzu und gießen Sie den Teig in die Pfanne, um den Pfannkuchen zuzubereiten. Verwenden Sie den Messbecher, um den Pfannkuchen zu formen.

g) Backen Sie den Pfannkuchen, bis die Seiten fest sind und sich in der Mitte Blasen bilden (ca. 2 Minuten). Drehen Sie dann den Pfannkuchen um.

h) Sobald der Pfannkuchen auf dieser Seite gar ist, nehmen Sie ihn vom Herd und legen Sie ihn auf einen Teller.

i) Führen Sie diese Schritte mit dem restlichen Teig fort. Mit Ahornsirup servieren.

28. Vanille-Mandel-Pfannkuchen

ZUTATEN:

- 1 Tasse Dinkelmehl
- 2 Esslöffel zuckerfreie Vanillepuddingmischung
- ½ Teelöffel Backpulver
- ½ Teelöffel Backpulver
- ¾ Tasse griechischer Naturjoghurt
- ½ Tasse + 2 Esslöffel 2 % fettarme Milch
- 1 großes Ei
- 2 Esslöffel Ahornsirup
- ¼ Tasse gehobelte Mandeln

ANWEISUNGEN:

a) Mehl, Puddingmischung, Backpulver und Natron in eine Schüssel geben und verrühren.

b) In einer anderen Schüssel Joghurt, Milch, Ei und Ahornsirup verrühren, bis alles gut vermischt ist.

c) Die feuchten Zutaten zu den trockenen Zutaten geben und verrühren, bis alles gut vermischt ist.

d) Zuletzt die Mandeln unterrühren.

e) Lassen Sie den Teig 2 bis 3 Minuten ruhen. Dadurch kommen alle Zutaten zusammen und der Teig erhält eine bessere Konsistenz.

f) Eine beschichtete Pfanne oder Grillplatte großzügig mit Pflanzenöl einsprühen und bei mittlerer Hitze erhitzen.

g) Sobald die Pfanne heiß ist, geben Sie den Teig mit einem ¼-Tassen-Messbecher hinzu und gießen Sie den Teig in die Pfanne, um den Pfannkuchen zuzubereiten. Verwenden Sie den Messbecher, um den Pfannkuchen zu formen.

h) Backen Sie den Pfannkuchen, bis die Seiten fest sind und sich in der Mitte Blasen bilden (ca. 2 bis 3 Minuten). Drehen Sie dann den Pfannkuchen um.

i) Sobald der Pfannkuchen auf dieser Seite gar ist, nehmen Sie ihn vom Herd und legen Sie ihn auf einen Teller.

j) Führen Sie diese Schritte mit dem restlichen Teig fort.

29. Erdnuss-, Bananen- und Schokoladenpfannkuchen

ZUTATEN:
- 1 Tasse Dinkelmehl
- ¼ Tasse Erdnussbutterpulver
- ½ Teelöffel Backpulver
- ½ Teelöffel Backpulver
- ¾ Tasse griechischer Naturjoghurt
- 1 reife mittelgroße Banane, zerdrückt, plus mehr zum Servieren (optional)
- ¼ Tasse + 2 Esslöffel 2 % fettarme Milch
- 1 großes Ei
- 2 Esslöffel Ahornsirup
- ½ Tasse Schokoladenstückchen, plus mehr zum Servieren (optional)
- Erdnussbutter zum Servieren (optional)

ANWEISUNGEN:

a) Mehl, Erdnussbutterpulver, Backpulver und Natron in eine Schüssel geben und verrühren.

b) In einer anderen Schüssel Joghurt, zerdrückte Banane, Milch, Ei und Ahornsirup verrühren, bis alles gut vermischt ist.

c) Die feuchten Zutaten zu den trockenen Zutaten geben und verrühren, bis alles gut vermischt ist.

d) Die Schokoladenstückchen unterrühren.

e) Lassen Sie den Teig 2 bis 3 Minuten ruhen. Dadurch kommen alle Zutaten zusammen und der Teig erhält eine bessere Konsistenz.

f) Eine beschichtete Pfanne oder Grillplatte großzügig mit Pflanzenöl einsprühen und bei mittlerer Hitze erhitzen.

g) Sobald die Pfanne heiß ist, geben Sie den Teig mit einem ¼-Tassen-Messbecher hinzu und gießen Sie den Teig in die Pfanne, um den Pfannkuchen zuzubereiten. Verwenden Sie den Messbecher, um den Pfannkuchen zu formen.

h) Backen Sie den Pfannkuchen, bis die Seiten fest sind und sich in der Mitte Blasen bilden (ca. 2 bis 3 Minuten). Drehen Sie dann den Pfannkuchen um.

i) Sobald der Pfannkuchen auf dieser Seite gar ist, nehmen Sie ihn vom Herd und legen Sie ihn auf einen Teller.

j) Führen Sie diese Schritte mit dem restlichen Teig fort.

30.Bananenbrotpfannkuchen

ZUTATEN:
- 1 Tasse Dinkelmehl
- ½ Teelöffel Backpulver
- ½ Teelöffel Backpulver
- ¾ Tasse griechischer Naturjoghurt
- 1 reife mittelgroße Banane, zerdrückt
- ½ Tasse + 2 Esslöffel 2 % fettarme Milch
- 1 großes Ei
- 2 Esslöffel Ahornsirup

ANWEISUNGEN:

a) Mehl, Backpulver und Natron in eine Schüssel geben und verrühren.

b) In einer anderen Schüssel Joghurt, zerdrückte Banane, Milch, Ei und Ahornsirup verrühren, bis alles gut vermischt ist.

c) Die feuchten Zutaten zu den trockenen Zutaten geben und verrühren, bis alles gut vermischt ist.

d) Lassen Sie den Teig 2 bis 3 Minuten ruhen. Dadurch kommen alle Zutaten zusammen und der Teig erhält eine bessere Konsistenz.

e) Eine beschichtete Pfanne oder Grillplatte großzügig mit Pflanzenöl einsprühen und bei mittlerer Hitze erhitzen.

f) Sobald die Pfanne heiß ist, geben Sie den Teig mit einem ¼-Tassen-Messbecher hinzu und gießen Sie den Teig in die Pfanne, um den Pfannkuchen zuzubereiten. Verwenden Sie den Messbecher, um den Pfannkuchen zu formen.

g) Backen Sie den Pfannkuchen, bis die Seiten fest sind und sich in der Mitte Blasen bilden (ca. 2 bis 3 Minuten). Drehen Sie dann den Pfannkuchen um.

h) Sobald der Pfannkuchen auf dieser Seite gar ist, nehmen Sie ihn vom Herd und legen Sie ihn auf einen Teller.

i) Führen Sie diese Schritte mit dem restlichen Teig fort.

31.Erdbeer-Käsekuchen-Pfannkuchen

ZUTATEN:
- 1 Tasse Dinkelmehl
- 2 Esslöffel zuckerfreie Vanillepuddingmischung
- ½ Teelöffel Backpulver
- ½ Teelöffel Backpulver
- ¾ Tasse griechischer Naturjoghurt
- ½ Tasse + 2 Esslöffel 2 % fettarme Milch
- 1 großes Ei
- 2 Esslöffel Ahornsirup
- 1 Tasse dünn geschnittene Erdbeeren

ANWEISUNGEN:

a) Mehl, Puddingmischung, Backpulver und Natron in eine Schüssel geben und verrühren.

b) In einer anderen Schüssel Joghurt, Milch, Ei und Ahornsirup verrühren, bis alles gut vermischt ist.

c) Die feuchten Zutaten zu den trockenen Zutaten geben und verrühren, bis alles gut vermischt ist.

d) Erdbeeren vorsichtig unterrühren.

e) Lassen Sie den Teig 2 bis 3 Minuten ruhen. Dadurch kommen alle Zutaten zusammen und der Teig erhält eine bessere Konsistenz.

f) Eine beschichtete Pfanne oder Grillplatte großzügig mit Pflanzenöl einsprühen und bei mittlerer Hitze erhitzen.

g) Sobald die Pfanne heiß ist, geben Sie den Teig mit einem ¼-Tassen-Messbecher hinzu und gießen Sie den Teig in die Pfanne, um den Pfannkuchen zuzubereiten. Verwenden Sie den Messbecher, um den Pfannkuchen zu formen.

h) Backen Sie den Pfannkuchen, bis die Seiten fest sind und sich in der Mitte Blasen bilden (ca. 2 bis 3 Minuten). Drehen Sie dann den Pfannkuchen um.

i) Sobald der Pfannkuchen auf dieser Seite gar ist, nehmen Sie ihn vom Herd und legen Sie ihn auf einen Teller.

j) Führen Sie diese Schritte mit dem restlichen Teig fort.

32. Mexikanische Schokoladenpfannkuchen

ZUTATEN:
- 1 Tasse Dinkelmehl
- ¼ Tasse ungesüßter Kakao
- 1 Teelöffel Zimt
- ½ Teelöffel Backpulver
- ½ Teelöffel Backpulver
- ¾ Tasse griechischer Naturjoghurt
- ¼ Tasse + 2 Esslöffel 2 % fettarme Milch
- 1 großes Ei
- 2 Esslöffel Ahornsirup

ANWEISUNGEN:

a) Mehl, Kakao, Zimt, Backpulver und Natron in eine Schüssel geben und verrühren.

b) In einer anderen Schüssel Joghurt, Milch, Ei und Ahornsirup verrühren, bis alles gut vermischt ist.

c) Die feuchten Zutaten zu den trockenen Zutaten geben und verrühren, bis alles gut vermischt ist.

d) Lassen Sie den Teig 2 bis 3 Minuten ruhen. Dadurch kommen alle Zutaten zusammen und der Teig erhält eine bessere Konsistenz.

e) Eine beschichtete Pfanne oder Grillplatte großzügig mit Pflanzenöl einsprühen und bei mittlerer Hitze erhitzen.

f) Sobald die Pfanne heiß ist, geben Sie den Teig mit einem ¼-Tassen-Messbecher hinzu und gießen Sie den Teig in die Pfanne, um den Pfannkuchen zuzubereiten. Verwenden Sie den Messbecher, um den Pfannkuchen zu formen.

g) Backen Sie den Pfannkuchen, bis die Seiten fest sind und sich in der Mitte Blasen bilden (ca. 2 bis 3 Minuten). Drehen Sie dann den Pfannkuchen um.

h) Sobald der Pfannkuchen auf dieser Seite gar ist, nehmen Sie ihn vom Herd und legen Sie ihn auf einen Teller.

i) Führen Sie diese Schritte mit dem restlichen Teig fort.

33.Blaubeer-Mango-Pfannkuchen

ZUTATEN:
- 1 Tasse Dinkelmehl
- ½ Teelöffel Backpulver
- ½ Teelöffel Backpulver
- ¾ Tasse griechischer Naturjoghurt
- ¼ Tasse + 2 Esslöffel 2 % fettarme Milch
- 1 großes Ei
- 2 Esslöffel Ahornsirup
- ½ Tasse pürierte Mangos
- ½ Tasse Blaubeeren

ANWEISUNGEN:
a) Mehl, Backpulver und Natron in eine Schüssel geben und verrühren.
b) In einer anderen Schüssel Joghurt, Milch, Ei, Ahornsirup und pürierte Mango verrühren, bis alles gut vermischt ist.
c) Die feuchten Zutaten zu den trockenen Zutaten geben und verrühren, bis alles gut vermischt ist.
d) Die Blaubeeren vorsichtig unterrühren.
e) Lassen Sie den Teig 2 bis 3 Minuten ruhen. Dadurch kommen alle Zutaten zusammen und der Teig erhält eine bessere Konsistenz.
f) Eine beschichtete Pfanne oder Grillplatte großzügig mit Pflanzenöl einsprühen und bei mittlerer Hitze erhitzen.
g) Sobald die Pfanne heiß ist, geben Sie den Teig mit einem ¼-Tassen-Messbecher hinzu und gießen Sie den Teig in die Pfanne, um den Pfannkuchen zuzubereiten. Verwenden Sie den Messbecher, um den Pfannkuchen zu formen.
h) Backen Sie den Pfannkuchen, bis die Seiten fest sind und sich in der Mitte Blasen bilden (ca. 2 bis 3 Minuten). Drehen Sie dann den Pfannkuchen um.
i) Sobald der Pfannkuchen auf dieser Seite gar ist, nehmen Sie ihn vom Herd und legen Sie ihn auf einen Teller.
j) Führen Sie diese Schritte mit dem restlichen Teig fort.

34. Piña-Colada-Pfannkuchen

ZUTATEN:
- 1 Tasse Dinkelmehl
- ½ Teelöffel Backpulver
- ½ Teelöffel Backpulver
- ¾ Tasse griechischer Naturjoghurt
- ½ Tasse + 2 Esslöffel vollfette Kokosmilch aus der Dose
- 1 großes Ei
- 2 Esslöffel Ahornsirup
- 1 Teelöffel Vanilleextrakt
- ½ Tasse fein gewürfelte Ananas

ANWEISUNGEN:
a) Mehl, Backpulver und Natron in eine Schüssel geben und verrühren.
b) In einer anderen Schüssel Joghurt, Kokosmilch, Ei, Ahornsirup und Vanille verrühren, bis alles gut vermischt ist.
c) Die feuchten Zutaten zu den trockenen Zutaten geben und verrühren, bis alles gut vermischt ist.
d) Sobald alles vermischt ist, die Ananas hinzufügen.
e) Lassen Sie den Teig 2 bis 3 Minuten ruhen. Dadurch kommen alle Zutaten zusammen und der Teig erhält eine bessere Konsistenz.
f) Eine beschichtete Pfanne oder Grillplatte großzügig mit Pflanzenöl einsprühen und bei mittlerer Hitze erhitzen.
g) Sobald die Pfanne heiß ist, geben Sie den Teig mit einem ¼-Tassen-Messbecher hinzu und gießen Sie den Teig in die Pfanne, um den Pfannkuchen zuzubereiten. Verwenden Sie den Messbecher, um den Pfannkuchen zu formen.
h) Backen Sie den Pfannkuchen, bis die Seiten fest sind und sich in der Mitte Blasen bilden (ca. 2 bis 3 Minuten). Drehen Sie dann den Pfannkuchen um.
i) Sobald der Pfannkuchen auf dieser Seite gar ist, nehmen Sie ihn vom Herd und legen Sie ihn auf einen Teller.
j) Führen Sie diese Schritte mit dem restlichen Teig fort.

35. Bananen-Blaubeer-Pfannkuchen

ZUTATEN:
- 1 Tasse Dinkelmehl
- ½ Teelöffel Backpulver
- ½ Teelöffel Backpulver
- 1 reife mittelgroße Banane, zerdrückt
- ¾ Tasse griechischer Naturjoghurt
- ¼ Tasse + 2 Esslöffel 2 % fettarme Milch
- 1 großes Ei
- 2 Esslöffel Ahornsirup
- ½ Tasse Blaubeeren

ANWEISUNGEN:

a) Mehl, Backpulver und Natron in eine Schüssel geben und verrühren.

b) In einer anderen Schüssel das Bananenpüree, den Joghurt, die Milch, das Ei und den Ahornsirup verrühren, bis alles gut vermischt ist.

c) Die feuchten Zutaten zu den trockenen Zutaten geben und verrühren, bis alles gut vermischt ist.

d) Die Blaubeeren vorsichtig unterrühren.

e) Lassen Sie den Teig 2 bis 3 Minuten ruhen. Dadurch kommen alle Zutaten zusammen und der Teig erhält eine bessere Konsistenz.

f) Eine beschichtete Pfanne oder Grillplatte großzügig mit Pflanzenöl einsprühen und bei mittlerer Hitze erhitzen.

g) Sobald die Pfanne heiß ist, geben Sie den Teig mit einem ¼-Tassen-Messbecher hinzu und gießen Sie den Teig in die Pfanne, um den Pfannkuchen zuzubereiten. Verwenden Sie den Messbecher, um den Pfannkuchen zu formen.

h) Backen Sie den Pfannkuchen, bis die Seiten fest sind und sich in der Mitte Blasen bilden (ca. 2 bis 3 Minuten). Drehen Sie dann den Pfannkuchen um.

i) Sobald der Pfannkuchen auf dieser Seite gar ist, nehmen Sie ihn vom Herd und legen Sie ihn auf einen Teller.

j) Führen Sie diese Schritte mit dem restlichen Teig fort.

36. Erdbeer-Bananen-Pfannkuchen

ZUTATEN:
- 1 Tasse Dinkelmehl
- ½ Teelöffel Backpulver
- ½ Teelöffel Backpulver
- ¾ Tasse griechischer Naturjoghurt
- 1 reife mittelgroße Banane, zerdrückt
- ½ Tasse + 2 Esslöffel 2 % fettarme Milch
- 1 großes Ei
- 2 Esslöffel Ahornsirup
- ¾ Tasse geschnittene Erdbeeren

ANWEISUNGEN:
a) Mehl, Backpulver und Natron in eine Schüssel geben und verrühren.
b) In einer anderen Schüssel Joghurt, zerdrückte Banane, Milch, Ei und Ahornsirup verrühren, bis alles gut vermischt ist.
c) Die feuchten Zutaten zu den trockenen Zutaten geben und verrühren, bis alles gut vermischt ist.
d) Erdbeeren vorsichtig unterrühren.
e) Lassen Sie den Teig 2 bis 3 Minuten ruhen. Dadurch kommen alle Zutaten zusammen und der Teig erhält eine bessere Konsistenz.
f) Eine beschichtete Pfanne oder Grillplatte großzügig mit Pflanzenöl einsprühen und bei mittlerer Hitze erhitzen.
g) Sobald die Pfanne heiß ist, geben Sie den Teig mit einem ¼-Tassen-Messbecher hinzu und gießen Sie den Teig in die Pfanne, um den Pfannkuchen zuzubereiten. Verwenden Sie den Messbecher, um den Pfannkuchen zu formen.
h) Backen Sie den Pfannkuchen, bis die Seiten fest sind und sich in der Mitte Blasen bilden (ca. 2 bis 3 Minuten). Drehen Sie dann den Pfannkuchen um.
i) Sobald der Pfannkuchen auf dieser Seite gar ist, nehmen Sie ihn vom Herd und legen Sie ihn auf einen Teller.
j) Führen Sie diese Schritte mit dem restlichen Teig fort.

37. Lebkuchen Pfannkuchen

ZUTATEN:
BELAGS:
- ¼ Tasse griechischer Naturjoghurt
- 1 Esslöffel Ahornsirup

PFANNKUCHEN
- 1 Tasse Dinkelmehl
- 1 Teelöffel Backpulver
- 1 Teelöffel gemahlener Ingwer
- 1 Teelöffel gemahlener Piment
- 1 Teelöffel Zimt
- ¼ Teelöffel gemahlene Nelken
- ¼ Teelöffel Salz
- 1 großes Ei
- ½ Tasse 2 % fettarme Milch
- 3 Esslöffel Ahornsirup
- 1 Teelöffel Vanilleextrakt

ANWEISUNGEN:

a) Griechischen Joghurt und Ahornsirup gut vermischen und beiseite stellen.

b) In eine große Schüssel Dinkelmehl, Backpulver, Ingwer, Piment, Zimt, Nelken und Salz geben und gut verrühren.

c) In einer anderen Schüssel Ei, Milch, Ahornsirup und Vanille gut verrühren.

d) Die feuchten Zutaten zu den trockenen Zutaten geben und verrühren, bis alles gut vermischt ist.

e) Lassen Sie den Teig 2 bis 3 Minuten ruhen. Dadurch kommen alle Zutaten zusammen und der Teig erhält eine bessere Konsistenz.

f) Eine beschichtete Pfanne oder Grillplatte großzügig mit Pflanzenöl einsprühen und bei mittlerer Hitze erhitzen.

g) Sobald die Pfanne heiß ist, geben Sie den Teig mit einem ¼-Tassen-Messbecher hinzu und gießen Sie den Teig in die Pfanne, um den Pfannkuchen zuzubereiten.

h) Kochen, bis die Seiten fest erscheinen und sich in der Mitte Blasen bilden.

i) Sobald der Pfannkuchen auf dieser Seite gar ist, nehmen Sie ihn vom Herd und legen Sie ihn auf einen Teller.

j) Führen Sie diese Schritte mit dem restlichen Teig fort. Mit Joghurt servieren.

SMOOTHIES UND SMOOTHIEBOWLS

38. Griechischer Joghurt Biscoff Smoothie Bowl

ZUTATEN:
- 2 reife Bananen, gefroren
- ¼ Tasse griechischer Joghurt
- 2 Esslöffel Biscoff-Aufstrich
- ½ Tasse Milch (auf Milch- oder Pflanzenbasis)
- Belag: Biscoff-Kekskrümel, Bananenscheiben, Müsli, Kokosraspeln, Beeren usw.

ANWEISUNGEN:

a) In einem Mixer die gefrorenen Bananen, den griechischen Joghurt, den Biscoff-Aufstrich und die Milch vermischen.

b) Mixen, bis eine glatte und cremige Masse entsteht. Bei Bedarf noch mehr Milch hinzufügen, um die gewünschte Konsistenz zu erreichen.

c) Gießen Sie den Smoothie in eine Schüssel und belegen Sie ihn mit Biscoff-Kekskrümeln, Bananenscheiben, Müsli, Kokosraspeln, Beeren oder anderen gewünschten Toppings.

d) Genießen Sie die Biscoff Smoothie Bowl mit einem Löffel und genießen Sie die köstliche Kombination aus Aromen und Texturen.

39.Jack Daniel's Blaubeer-Smoothie

ZUTATEN:
- 1 Tasse gefrorene Blaubeeren
- ½ Tasse griechischer Vanillejoghurt
- ½ Tasse Mandelmilch
- 2 Esslöffel Honig
- 1 Esslöffel Jack Daniel's Whisky
- Eiswürfel

ANWEISUNGEN:

a) Geben Sie die gefrorenen Blaubeeren, griechischen Joghurt, Mandelmilch, Honig und Jack Daniel's Whiskey in einen Mixer.
b) Alles glatt rühren.
c) Eiswürfel hinzufügen und erneut mixen, bis die gewünschte Konsistenz erreicht ist.
d) In ein Glas füllen und sofort servieren.

40.Jack Daniel's Schokoladen-Smoothie

ZUTATEN:
- 1 gefrorene Banane
- ½ Tasse griechischer Naturjoghurt
- ½ Tasse Mandelmilch
- 2 Esslöffel Honig
- 1 Esslöffel Jack Daniel's Whisky
- 1 Esslöffel Kakaopulver
- Eiswürfel

ANWEISUNGEN:

a) Geben Sie die gefrorene Banane, griechischen Joghurt, Mandelmilch, Honig, Jack Daniel's Whiskey und Kakaopulver in einen Mixer.

b) Alles glatt rühren.

c) Eiswürfel hinzufügen und erneut mixen, bis die gewünschte Konsistenz erreicht ist.

d) In ein Glas füllen und sofort servieren.

41. Wabenförmige Süßigkeiten-Joghurtschale

ZUTATEN:
- 1 Tasse griechischer Joghurt
- 2 Esslöffel Honig
- ¼ Tasse Wabenbonbons, zerkleinert
- Frisches Obst zum Garnieren

ANWEISUNGEN:

a) In einer Schüssel griechischen Joghurt und Honig vermischen.
b) Streuen Sie zerkleinerte Wabenbonbons über den Joghurt.
c) Mit frischem Obst belegen.
d) Gut umrühren und diese köstliche, mit Honig angereicherte Joghurtschale genießen.

42. Cornflake-Beeren-Smoothie-Bowl

ZUTATEN:
- 1 reife Banane, gefroren
- 1 Tasse gemischte Beeren (z. B. Erdbeeren, Blaubeeren oder Himbeeren)
- ½ Tasse griechischer Joghurt
- ¼ Tasse Milch
- ¼ Tasse zerstoßene Cornflakes
- Frische Beeren, Bananenscheiben und andere gewünschte Toppings

ANWEISUNGEN:

a) In einem Mixer die gefrorene Banane, gemischte Beeren, griechischen Joghurt und Milch vermischen.

b) Mixen, bis eine glatte und cremige Masse entsteht.

c) Den Smoothie in eine Schüssel geben.

d) Streuen Sie die zerstoßenen Cornflakes darüber.

e) Fügen Sie frische Beeren, geschnittene Bananen und beliebige andere Toppings wie Müsli oder Nüsse hinzu.

f) Sofort mit einem Löffel genießen.

43. Hibiskus-Smoothie-Bowl

ZUTATEN:
- 1 gefrorene Banane
- ½ Tasse gefrorene Beeren (wie Erdbeeren, Himbeeren oder Blaubeeren)
- ¼ Tasse Hibiskustee (stark aufgebrüht und gekühlt)
- ¼ Tasse griechischer Joghurt oder pflanzlicher Joghurt
- 1 Esslöffel Chiasamen
- Toppings: geschnittene Früchte, Müsli, Kokosflocken, Nüsse usw.

ANWEISUNGEN:

a) In einem Mixer die gefrorene Banane, die gefrorenen Beeren, den Hibiskustee, den griechischen Joghurt und die Chiasamen vermischen.

b) Mixen, bis eine glatte und cremige Masse entsteht. Geben Sie bei Bedarf noch einen Spritzer Hibiskustee oder Wasser hinzu, um die gewünschte Konsistenz zu erreichen.

c) Den Smoothie in eine Schüssel geben.

d) Mit geschnittenen Früchten, Müsli, Kokosflocken, Nüssen oder einem anderen Belag Ihrer Wahl belegen.

e) Genießen Sie die erfrischende und lebendige Hibiskus-Smoothie-Bowl als nahrhaftes Frühstück.

44.Jack Daniel's Pfirsich-Smoothie

ZUTATEN:
- 1 Tasse gefrorene Pfirsiche
- ½ Tasse griechischer Naturjoghurt
- ½ Tasse Mandelmilch
- 2 Esslöffel Honig
- 1 Esslöffel Jack Daniel's Whisky
- Eiswürfel

ANWEISUNGEN:

a) Die gefrorenen Pfirsiche, griechischen Joghurt, Mandelmilch, Honig und Jack Daniel's Whiskey in einen Mixer geben.

b) Alles glatt rühren.

c) Eiswürfel hinzufügen und erneut mixen, bis die gewünschte Konsistenz erreicht ist.

d) In ein Glas füllen und sofort servieren.

45. Erdbeer Smoothie

ZUTATEN:
- 1 Tasse gefrorene Erdbeeren
- ½ Tasse griechischer Vanillejoghurt
- ½ Tasse Mandelmilch
- 2 Esslöffel Honig
- 1 Esslöffel Jack Daniel's Whisky
- Eiswürfel

ANWEISUNGEN:

a) Geben Sie die gefrorenen Erdbeeren, griechischen Joghurt, Mandelmilch, Honig und Jack Daniel's Whiskey in einen Mixer.

b) Alles glatt rühren.

c) Eiswürfel hinzufügen und erneut mixen, bis die gewünschte Konsistenz erreicht ist.

d) In ein Glas füllen und sofort servieren.

46. Kahlua-Smoothie

ZUTATEN:
- 1 reife Banane
- ½ Tasse griechischer Joghurt
- ¼ Tasse Kahlua
- ¼ Tasse Milch (oder milchfreie Alternative)
- 1 Esslöffel Honig
- 1 Tasse Eiswürfel

ANWEISUNGEN:

a) In einem Mixer Banane, griechischen Joghurt, Kahlua, Milch, Honig und Eiswürfel vermischen.

b) Mixen, bis eine glatte und cremige Masse entsteht.

c) Gießen Sie den Kahlua-Smoothie in ein Glas und genießen Sie ihn als erfrischendes Frühstücksgetränk.

47. Minz-Erdbeer-Smoothie

ZUTATEN:
- 1 Banane
- 1 Tasse gefrorene Erdbeeren
- ¼ Tasse frische Minzblätter
- ½ Tasse ungesüßte Vanille-Mandelmilch
- ½ Tasse griechischer Joghurt
- 1 Esslöffel Honig

ANWEISUNGEN:
a) In einem Mixer die Banane, gefrorene Erdbeeren, Minzblätter, Mandelmilch, griechischen Joghurt und Honig vermischen.
b) Alles glatt rühren.
c) In ein Glas füllen und sofort servieren.
d) Genießen!

48. Cremiger amerikanischer Käse-Smoothie

ZUTATEN:
- 1 Tasse Milch
- ½ Tasse griechischer Naturjoghurt
- 1 Banane
- ¼ Tasse geriebener amerikanischer Käse
- 1 TL Honig

ANWEISUNGEN:

a) In einem Mixer Milch, griechischen Joghurt, Banane, geriebenen amerikanischen Käse und Honig vermischen.

b) Mixen, bis eine glatte und cremige Masse entsteht.

c) In einem hohen Glas servieren und genießen.

49. Mandel-Joy-Smoothie

ZUTATEN:
- ½ Tasse ungesüßte Mandelmilch
- ½ Tasse griechischer Vanillejoghurt
- ¼ Tasse Amaretto
- ¼ Tasse ungesüßte Kokosraspeln
- 1 Banane, gefroren
- Eis

ANWEISUNGEN:

a) Mandelmilch, griechischen Joghurt, Amaretto, Kokosraspeln und gefrorene Banane in einen Mixer geben und glatt rühren.

b) Geben Sie Eis in den Mixer und mixen Sie erneut, bis der Smoothie dick und cremig ist.

c) Den Smoothie in ein Glas füllen und sofort servieren.

50. Schwarzwälder Smoothie

ZUTATEN:
ZUR VORBEREITUNG
- 1 (16-Unzen) Beutel gefrorene entkernte Süßkirschen
- 2 Tassen Babyspinat
- 2 Esslöffel Kakaopulver
- 1 Esslöffel Chiasamen

DIENEN
- 1 Tasse ungesüßte Schokoladen-Mandelmilch
- ¾ Tasse Vanille 2 % griechischer Joghurt
- 3 Teelöffel Ahornsirup
- 1 Teelöffel Vanilleextrakt

ANWEISUNGEN:

a) Kirschen, Spinat, Kakaopulver und Chiasamen in einer großen Schüssel vermengen. Auf 4 Gefrierbeutel mit Reißverschluss verteilen. Bis zum Servieren bis zu einem Monat einfrieren.

b) FÜR EINE PORTION: Geben Sie den Inhalt eines Beutels in einen Mixer und fügen Sie ¼ Tasse Mandelmilch, 3 Esslöffel Joghurt, ¾ Teelöffel Ahornsirup und ¼ Teelöffel Vanille hinzu. Alles glatt rühren. Sofort servieren.

51. Drachenfrucht- und Müsli-Joghurt-Schüssel

ZUTATEN:
- 1 Drachenfrucht
- 1 Tasse griechischer Joghurt
- ½ Tasse Müsli
- 1 Esslöffel Honig

ANWEISUNGEN:

a) Die Drachenfrucht halbieren und das Fruchtfleisch herauslöffeln.
b) In einer Schüssel griechischen Joghurt und Honig vermischen.
c) In einer separaten Schüssel das Drachenfruchtfleisch, die griechische Joghurtmischung und das Müsli schichten.
d) Wiederholen Sie die Schichten, bis alle Zutaten verbraucht sind.
e) Gekühlt servieren.

52.Beeren-Drachenfrucht-Smoothie

ZUTATEN:
SMOOTHIE:
- 1 Tasse gefrorene Himbeeren
- 1 ¾ Tassen gefrorene rosa Drachenfrucht (200 Gramm)
- ½ Tasse gefrorene Brombeeren
- 5,3 Unzen griechischer Erdbeerjoghurt (150 Gramm)
- 2 Esslöffel Chiasamen
- 1 Teelöffel Limettensaft (½ Limette)
- 1 Teelöffel geriebener Ingwer
- 1 Tasse ungesüßte Mandelmilch oder Milch nach Wahl

OPTIONALE GARNITUR:
- Chiasamen
- Beeren

ANWEISUNGEN:

a) Himbeeren, Drachenfrucht, Brombeeren, Joghurt, Chiasamen, Limette und Ingwer in einen Mixbehälter geben. Mandelmilch hinzufügen, abdecken und auf hoher Stufe mixen, bis eine glatte Masse entsteht.

b) Machen Sie bei Bedarf eine Pause und schaben Sie die Seiten des Behälters mit einem Spatel ab. Wenn der Smoothie zu dick ist, gießen Sie so viel Mandelmilch hinzu, bis die gewünschte Konsistenz erreicht ist.

c) Gießen Sie den Smoothie in ein Glas und garnieren Sie ihn nach Wunsch mit weiteren Chiasamen und Beeren.

53. Klassischer Nutella-Smoothie

ZUTATEN:
- 6 Flüssigunzen fettarme Milch
- 2 Esslöffel Nutella
- 6 Unzen fettfreier griechischer Joghurt
- 1 Banane, in Scheiben geschnitten
- 4 frische Erdbeeren

ANWEISUNGEN:

a)   Alle genannten Zutaten in einen Mixer geben und glatt rühren.

54. Himbeer-Nutella-Smoothies

ZUTATEN:
- 2 Tassen gefrorene Himbeeren
- 1 große Banane
- 1 5,3 Unzen griechischer Himbeerjoghurt
- ½ Tasse Milch
- 2 Tassen Vanilleeis
- ¼ Tasse Nutella
- ½ Tasse frische Himbeeren – gereinigt und trocken getupft
- Ghirardelli schmilzt Schokoladenwaffeln

ANWEISUNGEN:

a) Tauchen Sie die frischen Himbeeren in die schmelzende Schokolade. Stellen Sie es in den Kühlschrank.

b) Vanilleeis und Nutella mit einem Handmixer cremig rühren. In den Gefrierschrank stellen.

c) Mit einem Mixer die gefrorenen Himbeeren, Bananen, griechischen Joghurt und Milch vermischen.

d) Zum Zusammenstellen die gemischten Himbeeren schichten, dann das Eis/Nutella darauf geben und mit den restlichen gemischten Himbeeren belegen.

e) Sofort mit ein paar mit Schokolade überzogenen Himbeeren servieren.

55. Açaí-Bowl mit Pfirsichen und Microgreens

ZUTATEN:
- ½ Tasse Kohl-Microgreens
- 1 gefrorene Banane
- 1 Tasse gefrorene rote Beeren
- 4 Esslöffel Açaí-Pulver
- ¾ Tasse Mandel- oder Kokosmilch
- ½ Tasse griechischer Naturjoghurt
- ¼ Teelöffel Mandelextrakt

GARNIERUNG:
- Geröstete Kokosflocken
- Frische Pfirsichscheiben
- Müsli oder geröstete Nüsse/Samen
- Ein Spritzer Honig

ANWEISUNGEN:

a) Milch und Joghurt in einem großen Hochleistungsmixer mixen. Fügen Sie die gefrorenen Früchte Açaí, Kohl-Microgreens und Mandelextrakt hinzu.

b) Bei niedriger Temperatur weiter mixen, bis eine glatte Masse entsteht, nur bei Bedarf weitere Flüssigkeit hinzufügen. Es sollte DICK und cremig sein, wie Eis!

c) Teilen Sie den Smoothie auf zwei Schüsseln auf und belegen Sie ihn mit Ihren Lieblingszutaten.

56. Pavlova Quinoa-Schüssel

ZUTATEN:
- 1 Tasse gekochte Quinoa
- ½ Tasse griechischer Naturjoghurt
- 1 Esslöffel Honig
- 1 Mini-Pavlova-Schale, zerbröselt
- ¼ Tasse gemischte Beeren
- ¼ Tasse gehobelte Mandeln

ANWEISUNGEN:

a) In einer Schüssel gekochtes Quinoa, griechischen Joghurt und Honig vermischen.

b) Die Quinoa-Mischung mit der zerbröckelten Mini-Pavlova-Schale belegen.

c) Die gemischten Beeren und gehobelten Mandeln darüber geben.

d) Sofort servieren.

57. Ube- und Bananenschale

ZUTATEN:
- 1 Banane, zerdrückt
- 3 Esslöffel Ube Halaya, geteilt
- 1/4 Tasse altmodische Haferflocken
- 1/4 Tasse frische Milch
- 1 Esslöffel Chiasamen
- 1/2 Esslöffel Mohn
- 2 Esslöffel griechischer Joghurt
- 1/2 Teelöffel Vanillearoma
- 1 Esslöffel Honig
- Schokoladenstückchen zum Garnieren
- geröstete Erdnüsse, gehackt, zum Garnieren
- schnell schmelzender Käse, gerieben, zum Garnieren
- 1 Tropfen Ube-Aroma oder nach Geschmack

ANWEISUNGEN:

a) Die Banane zerdrücken. Mischen Sie bei Bedarf 1 Esslöffel Ube Halaya und Ube-Aroma unter. Fügen Sie altmodische Haferflocken, Milch, Chiasamen, Mohn, griechischen Joghurt, Vanille und Honig hinzu.

b) Rühren Sie die Mischung um, bis alles gut vermischt ist.

c) In einem Glas oder einer Glastasse das restliche Ube Halaya an den Seiten des Glases verteilen.

d) Füllen Sie das Glas mit der Hafermischung. Nach Belieben Toppings hinzufügen. Abdecken und über Nacht im Kühlschrank ruhen lassen.

e) Am nächsten Morgen vor dem Verzehr zusätzlich frische Milch hinzufügen.

SNACKS UND VORSPEISEN

58.Mit griechischem Joghurt überzogene Brezeln

ZUTATEN:
- Brezelstangen oder Brezeldrehungen
- Griechischer Joghurt (natur oder aromatisiert)
- Streusel oder farbiger Zucker (optional)

ANWEISUNGEN:

a) Ein Backblech mit Backpapier auslegen.

b) Tauchen Sie die Brezeln in den griechischen Joghurt und bedecken Sie sie zur Hälfte.

c) Legen Sie die mit Joghurt überzogenen Brezeln auf das vorbereitete Backblech.

d) Nach Belieben Streusel oder farbigen Zucker über den Joghurtüberzug streuen.

e) Legen Sie das Backblech für etwa 30 Minuten in den Kühlschrank oder bis der Joghurt hart wird.

f) Sobald sie ausgehärtet sind, packen Sie die mit Joghurt überzogenen Brezeln in die Lunchbox.

59.Kräuterkrapfen mit Joghurt-Aprikosen-Dip

ZUTATEN:
- 3 Eier; leicht geschlagen
- 150 Gramm Mozzarella; gerieben
- 85 Gramm frisch geriebener Parmesan
- 125 Gramm frische Semmelbrösel
- ½ rote Zwiebel; fein gehackt
- ¼ Teelöffel rote Chiliflocken
- 2 Esslöffel frischer Majoran
- 2 Esslöffel grob gehackter Schnittlauch
- 5 Esslöffel gehackte glatte Petersilie
- 1 Handvoll Rucolablätter; grob gehackt
- 1 Handvoll Babyspinatblätter; gehackt
- Salz und Pfeffer und Sonnenblumenöl
- 500-Gramm-Becher griechischer Joghurt
- 12 verzehrfertige getrocknete Aprikosen; fein gewürfelt
- 2 Knoblauchzehen und gehackte frische Minze

ANWEISUNGEN:

a)   Mischen Sie die Zutaten für die Krapfen, außer Öl und Butter, bis sie dick und einigermaßen fest sind. Falls feucht, mit Semmelbröseln binden.

b)   Mischen Sie die Saucenzutaten erst kurz vor der Verwendung.

c)   Gießen Sie 1 cm Öl in eine Bratpfanne, fügen Sie die Butter hinzu und erhitzen Sie es, bis es trüb ist.

d)   Ovale Krapfen formen und mit der Hand fest andrücken, um sie zu verdichten.

e)   Im Öl 2-3 Minuten knusprig braten.

60. Zitronen-Donuts mit Pistazien

ZUTATEN:
FÜR DIE DONUTS:
- Antihaft-Kochspray
- ½ Tasse Kristallzucker
- Abgeriebene Schale und Saft von 1 Zitrone
- 1 ½ Tassen Allzweckmehl
- ¾ Teelöffel Backpulver
- ¼ Teelöffel Backpulver
- ¼ Teelöffel Salz
- ⅓ Tasse Buttermilch
- ⅓ Tasse Vollmilch
- 6 EL. ungesalzene Butter, bei Zimmertemperatur
- 1 Ei
- 2 Teelöffel Vanilleextrakt

FÜR DIE GLASUR
- ½ Tasse griechischer Naturjoghurt oder anderer Vollmilchjoghurt
- Abgeriebene Schale von 1 Zitrone
- ¼ Teelöffel Salz
- 1 Tasse Puderzucker
- ½ Tasse geröstete Pistazien, gehackt

ANWEISUNGEN:

a) Um die Donuts zuzubereiten, heizen Sie einen Ofen auf 375 °F vor.

b) Bestreichen Sie die Vertiefungen einer Donut-Pfanne mit Antihaft-Kochspray.

c) In einer kleinen Schüssel den Kristallzucker und die Zitronenschale vermischen. Reiben Sie die Schale mit den Fingerspitzen in den Zucker. In einer anderen Schüssel Mehl, Backpulver, Natron und Salz vermischen. In einem Messbecher Buttermilch, Vollmilch und Zitronensaft verrühren.

d) In der Schüssel einer Küchenmaschine mit Rühraufsatz die Zuckermischung und die Butter bei mittlerer Geschwindigkeit etwa 2 Minuten lang schaumig schlagen. Kratzen Sie die Seiten der Schüssel ab. Ei und Vanille hinzufügen und bei mittlerer

Geschwindigkeit etwa 1 Minute lang verrühren, bis alles gut vermischt ist.

e) Geben Sie bei niedriger Geschwindigkeit die Mehlmischung in drei Portionen hinzu, abwechselnd mit der Milchmischung und beginnend und abschließend mit dem Mehl. Schlagen Sie jede Zugabe, bis sie gerade vermischt ist.

f) 2 EL einfüllen. Teig in jede vorbereitete Mulde geben. Backen Sie, indem Sie die Pfanne nach der Hälfte der Backzeit um 180 Grad drehen, bis ein in die Donuts gesteckter Zahnstocher sauber herauskommt, etwa 10 Minuten. In der Form auf einem Kühlregal 5 Minuten abkühlen lassen, dann die Donuts umdrehen und vollständig abkühlen lassen. Waschen und trocknen Sie in der Zwischenzeit die Form und wiederholen Sie den Vorgang, um den restlichen Teig zu backen.

g) Für die Glasur Joghurt, Zitronenschale und Salz in einer Schüssel verrühren. Fügen Sie den Puderzucker hinzu und rühren Sie, bis alles glatt und gut vermischt ist. Die Donuts mit der Oberseite nach unten in die Glasur tauchen, mit den Pistazien bestreuen und servieren.

61. Tiramisu-Proteinriegel

ZUTATEN:
BASE:
- ⅓ Tasse Hafermehl
- 1 Blatt Graham Crackers, zerkleinert
- ½ Messlöffel Vanille-Proteinpulver
- ½ Messlöffel geschmacksneutrales Proteinpulver
- 2 Esslöffel Kokosmehl
- ¼ Tasse ungesüßte Mandelmilch

KAFFEE-KARAMELL:
- 2 Esslöffel Erdnussbutterpulver
- 1 Esslöffel + 1 Teelöffel Cashewbutter
- 1½ Esslöffel Vanille-Proteinpulver
- 1½ Esslöffel geschmacksneutrales Proteinpulver
- 1½ Teelöffel Instantkaffee
- ¾ Esslöffel Ahornsirup
- ¾ Esslöffel Wasser
- ⅛ Teelöffel Vanilleextrakt

FRISCHKÄSE:
- 6 Esslöffel fettfreier griechischer Joghurt
- 3 Unzen fettreduzierter Frischkäse
- ½ Messlöffel Vanille-Proteinpulver, Molke-Kasein
- 2 Esslöffel Kokosmehl
- Kakaopulver zum Bestäuben

ANWEISUNGEN:
a) Eine Kastenform mit Backpapier auslegen; Lassen Sie einen Überhang übrig, den Sie später herausheben können.
b) Ofen auf 350°F vorheizen.

BASE:
a) Kombinieren Sie in einer Küchenmaschine Hafermehl, zerkleinerten Graham Cracker, Vanille-Proteinpulver, geschmacksneutrales Proteinpulver und Kokosmehl.
b) In eine Schüssel geben, Mandelmilch hinzufügen und verrühren.
c) Die Mischung sollte dick, aber etwas klebrig wie Teig sein.
d) In die vorbereitete Form geben und andrücken.
e) 10 Minuten backen, dann etwa 10 Minuten abkühlen lassen:

KAFFEE-KARAMELL:
a) In derselben Schüssel Erdnussbutterpulver, Mandelbutter, Vanille-Proteinpulver, geschmacksneutrales Proteinpulver, Instantkaffee, Ahornsirup, Wasser und Vanille verrühren.
b) Auf der Basisschicht verteilen und mit der Rückseite eines Löffels glatt streichen.

PROTEIN-FREMSKÄSE:
a) In einer Schüssel weichen Frischkäse, griechischen Joghurt, Proteinpulver und Kokosmehl vermischen.
b) Auf dem Boden verteilen.
c) Zum Abkühlen etwa 5–10 Minuten in den Gefrierschrank stellen.
d) Mit Kakaopulver bestreuen, in 8 Scheiben schneiden und servieren.

62. Tiramisu-Muffins

ZUTATEN:
MUFFINS
- 2 Tassen Allzweckmehl
- 2 Esslöffel Kakaopulver
- 1 Esslöffel Backpulver
- 3 Esslöffel Espressopulver
- 10 Esslöffel ungesalzene Butter, weich
- 1 Tasse extra feiner Kristallzucker
- 2 Eier
- ½ Tasse Mascarpone
- ½ Tasse griechischer Naturjoghurt
- 1 Tasse Milch

BELAG
- 2 Esslöffel Kakaopulver

ANWEISUNGEN:
a) Ofen auf 375°F vorheizen. Eine Muffinform mit Papierförmchen auslegen und beiseite stellen.

b) In einer großen Schüssel Mehl, Kakao, Backpulver und Espressopulver verquirlen.

c) In der Schüssel eines Mixers Butter und Zucker verrühren, bis eine leichte, lockere Masse entsteht. Kratzen Sie die Seiten der Schüssel nach Bedarf ab.

d) Fügen Sie die Eier einzeln hinzu und schlagen Sie nach jeder Zugabe gut durch.

e) Mascarpone und griechischen Joghurt unterrühren, bis alles gut vermischt ist. Mehlmischung und Milch abwechseln und gut vermischen.

f) Füllen Sie die Muffinförmchen zu ¾ und backen Sie sie 25–30 Minuten lang oder bis ein in die Mitte gesteckter Zahnstocher sauber herauskommt.

g) Kakaopulver darüber streuen.

63.Spinat-Feta-Donuts

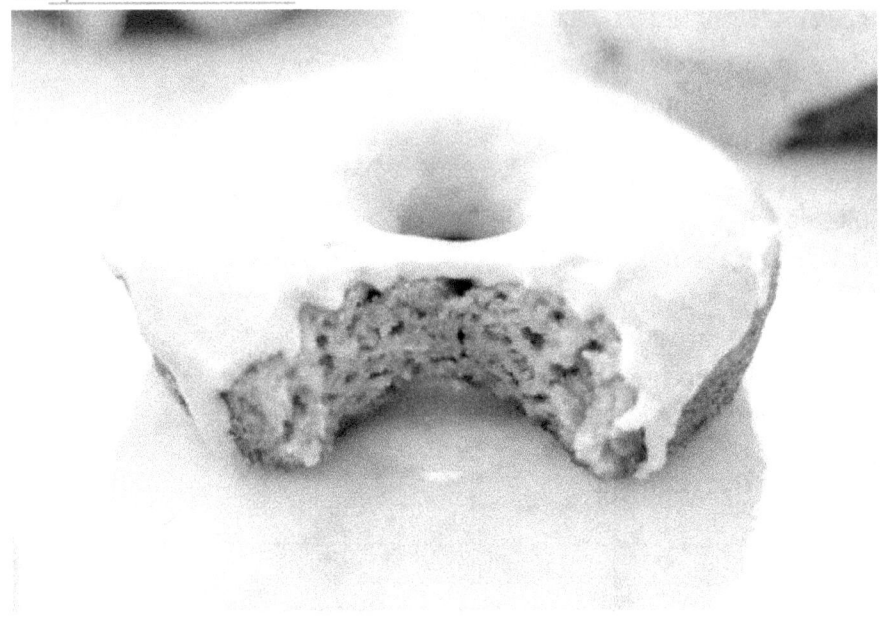

ZUTATEN:

- 1 Tasse Allzweckmehl
- ½ Tasse Vollkornmehl
- ½ Tasse gehackter frischer Spinat
- ½ Tasse zerbröckelter Feta-Käse
- ⅓ Tasse Milch
- ⅓ Tasse griechischer Naturjoghurt
- ¼ Tasse Olivenöl
- 1 Teelöffel Backpulver
- ½ Teelöffel Backpulver
- ¼ Teelöffel Salz
- 2 Knoblauchzehen, gehackt
- ¼ Teelöffel schwarzer Pfeffer

ANWEISUNGEN:

a) Backofen auf 350°F (180°C) vorheizen.

b) In einer großen Schüssel Mehl, Backpulver, Natron, Salz und schwarzen Pfeffer vermischen.

c) In einer anderen Schüssel gehackten Spinat, zerbröckelten Feta-Käse, Milch, griechischen Joghurt, Olivenöl und gehackten Knoblauch vermischen.

d) Die feuchten Zutaten zu den trockenen Zutaten hinzufügen und verrühren, bis alles gut vermischt ist.

e) Geben Sie den Teig in eine gefettete Donutform und backen Sie ihn 12–15 Minuten lang oder bis ein Zahnstocher, der in die Mitte gesteckt wird, sauber herauskommt.

f) Lassen Sie es 5 Minuten in der Pfanne abkühlen, bevor Sie es zum vollständigen Abkühlen auf einen Rost legen.

64. Glasierte, flauschige Schokoladen-Donuts

ZUTATEN:
- 1 ¾ Tassen Mehl
- 1 ½ Teelöffel Backpulver
- ½ Teelöffel Salz
- 1 Teelöffel Zimt
- 1 Teelöffel Kürbisgewürz
- 2 Esslöffel Kokosöl oder Pflanzenöl
- ⅓ Tasse griechischer Vanillejoghurt
- ½ Tasse hellbrauner Zucker
- 1 Ei
- 2 Teelöffel Baileys oder Vanille
- ¾ Tasse Kürbis aus der Dose
- ½ Tasse Vanille-Mandelmilch

Baileys-Glasur
- 2 Tassen Puderzucker
- 3 Kapseln Baileys
- 1 Esslöffel Vanille-Mandelmilch

ANWEISUNGEN:

a) Heizen Sie den Ofen auf 350 °F vor. Sprühen Sie Ihre Donutform mit Antihaftspray ein und stellen Sie sie beiseite.

b) In einer Schüssel Mehl, Backpulver, Salz und Gewürze vermischen und beiseite stellen.

c) In einer großen Schüssel Öl, griechischen Joghurt, braunen Zucker, Ei, Vanille, Kürbis und Mandelmilch verrühren, bis alles gut vermischt ist. Geben Sie die trockenen Zutaten langsam in die Mischung und rühren Sie, bis sie sich gerade vermischt haben. Achten Sie darauf, nicht zu viel zu vermischen, sonst werden die Donuts zäh und zäh.

d) Mit einem Spritzbeutel oder einer Plastiktüte mit abgeschnittener Ecke den Teig in jede Donut-Tasse spritzen, etwa zu ⅔ voll, aber nicht überlaufend.

e) 11–13 Minuten backen, bis die Donuts durch leichtes Drücken zurückspringen. Donuts auf ein Kuchengitter stürzen und vollständig abkühlen lassen.

f) Während die Donuts abkühlen, bereiten Sie die Baileys-Glasur vor.

Baileys-Glasur

g) Alle Zutaten in einer kleinen Schüssel vermischen und glatt rühren.

h) Sobald die Donuts vollständig abgekühlt sind, tauchen Sie die Oberseite jedes Donuts in die Glasur und legen Sie ihn wieder auf den Rost.

65. Pop-Tarts aus der Heißluftfritteuse

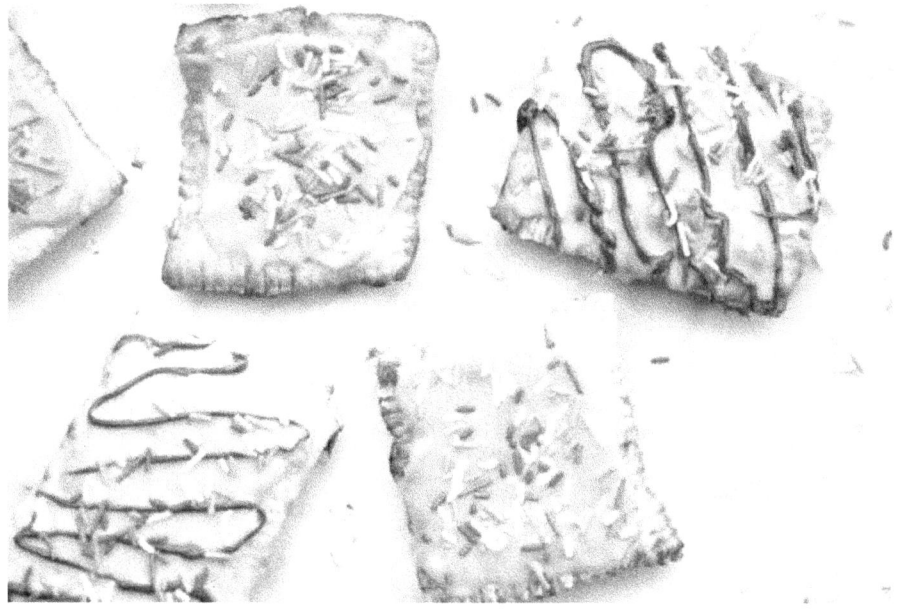

ZUTATEN:
POPTARTS
- 2 Tassen selbstaufgehendes Mehl
- 2 Tassen griechischer Joghurt
- Erdbeerkonfitüre
- Nutella
- 1 Banane

GLASUR:
- ½ Tasse Puderzucker
- 1 Esslöffel Sahne
- 1 Teelöffel Vanille
- Rote Lebensmittelfarbe
- 1 Esslöffel warmes Wasser
- Nutella
- Regenbogenstreusel

ANWEISUNGEN:

a) Beginnen Sie damit, Mehl und griechischen Joghurt zu Ihrem Teig zu vermischen. Kneten, bis eine Kugel entsteht, dann auf einer bemehlten Fläche ausrollen und in 16 Rechtecke schneiden.

b) Für Ihre Erdbeer-Pop-Tarts geben Sie ein paar Teelöffel Erdbeermarmelade in 4 der Rechtecke. Mit einem weiteren Rechteck abdecken und die Seiten mit einer Gabel zusammendrücken.

c) Für die Nutella-Pop-Tarts fügen Sie ein paar Teelöffel Nutella zu 4 Rechtecken und ein paar dünne Bananenscheiben hinzu. Mit einem weiteren Rechteck abdecken und die Seiten mit einer Gabel zusammendrücken.

d) Bei 400 °C etwa 8–10 Minuten an der Luft braten. Überprüfen Sie die Halbzeitmarke und drehen Sie um.

e) Für die Erdbeerglasur ¼ Tasse Puderzucker, Sahne, Vanille und einen Tropfen Lebensmittelfarbe vermischen. Nach dem Mischen auf Pop-Tarts verteilen und mit Streuseln bestreuen.

f) Zum Abschluss der Nutella-Pop-Tarts den restlichen Puderzucker und warmes Wasser verrühren. Anschließend auf Pop-Tarts verteilen.

g) Lassen Sie die Glasur etwas aushärten und schon sind sie servierfertig!

DIPS

66. Griechischer Limoncello-Joghurt-Dip

ZUTATEN:
- 1 Tasse griechischer Joghurt
- 2 Esslöffel Limoncello-Likör
- Schale von 1 Zitrone
- 1 Esslöffel Honig (optional)
- Verschiedene frische Früchte, Kekse oder Cracker zum Dippen

ANWEISUNGEN:

a) In einer Schüssel griechischen Joghurt, Limoncello, Zitronenschale und Honig (falls gewünscht) vermischen. Rühren, bis alles gut vermischt ist.

b) Stellen Sie den Dip mindestens 30 Minuten lang in den Kühlschrank, damit sich die Aromen vermischen können.

c) Servieren Sie den Limoncello-Joghurt-Dip mit frischen Früchten, Keksen oder Crackern zum Dippen.

d) Genießen Sie den cremig-würzigen Dip mit einem Hauch Limoncello.

67. Lunchbox Erdbeer-Joghurt-Dip

ZUTATEN:
- 1 Tasse griechischer Joghurt
- ½ Tasse Erdbeerpüree
- 1 Esslöffel Honig oder Ahornsirup
- ½ Teelöffel Vanilleextrakt

ANWEISUNGEN:

a) In einer Schüssel den griechischen Joghurt, das Erdbeerpüree, den Honig oder Ahornsirup und den Vanilleextrakt vermischen.

b) Gut vermischen, bis alles glatt und gut vermischt ist.

c) Packen Sie den gesunden Erdbeer-Joghurt-Dip in einen kleinen Behälter zusammen mit frischem Obst oder Vollkorncrackern zum Dippen.

68. Ranch-Dip

ZUTATEN:
- 1 Tasse Mayonnaise
- ½ Tasse griechischer Naturjoghurt
- 1½ Teelöffel getrockneter Schnittlauch
- 1½ Teelöffel getrocknete Petersilie
- 1½ Teelöffel getrockneter Dill
- ¾ Teelöffel granulierter Knoblauch
- ¾ Teelöffel granulierte Zwiebel
- ½ Teelöffel Salz
- ¼ Teelöffel schwarzer Pfeffer

ANWEISUNGEN:
a) Alle Zutaten in einer kleinen Schüssel vermischen.
b) Vor dem Servieren 30 Minuten im Kühlschrank ruhen lassen.

69.Knoblauch-Speck-Dip

ZUTATEN:
- 8 Scheiben Speck ohne Zuckerzusatz
- 2 Tassen gehackter Spinat
- 1 (8 Unzen) Packung Frischkäse, weich
- ¼ Tasse vollfette saure Sahne
- ¼ Tasse griechischer Naturjoghurt mit vollem Fettgehalt
- 2 Esslöffel gehackte frische Petersilie
- 1 Esslöffel Zitronensaft
- 6 geröstete Knoblauchzehen, zerdrückt
- 1 Teelöffel Salz
- ½ Teelöffel schwarzer Pfeffer
- ½ Tasse geriebener Parmesankäse

ANWEISUNGEN:

a) Ofen auf 350°F vorheizen.

b) Speck in einer mittelgroßen Pfanne bei mittlerer Hitze knusprig braten. Nehmen Sie den Speck aus der Pfanne und legen Sie ihn auf einen mit Papiertüchern ausgelegten Teller.

c) Den Spinat in die heiße Pfanne geben und kochen, bis er zusammenfällt. Vom Herd nehmen und beiseite stellen.

d) In eine mittelgroße Schüssel Frischkäse, Sauerrahm, Joghurt, Petersilie, Zitronensaft, Knoblauch, Salz und Pfeffer geben und mit einem Handmixer verrühren, bis alles gut vermischt ist.

e) Speck grob hacken und unter die Frischkäsemischung rühren. Spinat und Parmesankäse unterrühren.

f) In eine 8 x 8 Zoll große Backform geben und 30 Minuten lang backen, bis es heiß und sprudelnd ist.

70.Konfetti-Kuchenteig-Dip

ZUTATEN:
- 1 Schachtel Vanille-Kuchenmischung
- 1 ½ Tassen griechischer Naturjoghurt
- 1 Tasse Schlagsahne (z. B. Cool Whip)
- ½ Tasse Regenbogenstreusel
- Graham-Cracker, Kekse oder Obst zum Dippen

ANWEISUNGEN:

a) In einer Rührschüssel die Vanille-Kuchenmischung, den griechischen Naturjoghurt und den geschlagenen Belag vermischen. Rühren, bis alles gut vermischt und glatt ist.

b) Die Regenbogenstreusel vorsichtig unterheben und darauf achten, dass sie nicht zu stark vermischt werden.

c) Geben Sie den Dip in eine Servierschüssel und garnieren Sie ihn mit weiteren Streuseln.

d) Mit Graham Crackern, Keksen oder Obst zum Dippen servieren.

e) Genießen Sie den festlichen und köstlichen Konfetti-Kuchenteig-Dip!

71. Hibiskus-Joghurt-Dip

ZUTATEN:
- 1 Tasse griechischer Joghurt oder pflanzlicher Joghurt
- 2 Esslöffel Hibiskussirup oder Hibiskusteekonzentrat
- 1 Esslöffel Honig oder Süßungsmittel Ihrer Wahl
- Frische Früchte wie Apfelscheiben, Beeren oder Ananasstücke zum Dippen

ANWEISUNGEN:

a) Mischen Sie in einer Schüssel griechischen Joghurt, Hibiskussirup oder Teekonzentrat und Honig, bis alles gut vermischt ist.

b) Servieren Sie den Hibiskus-Joghurt-Dip zusammen mit frischen Fruchtscheiben oder -stücken.

c) Tauchen Sie die Früchte in den Hibiskus-Joghurt-Dip, um einen cremig-würzigen Snack zu erhalten.

d) Genießen Sie den mit Hibiskus angereicherten Joghurt-Dip als erfrischende und nahrhafte Snack-Option.

72. Grapefruit-Joghurt-Dip

ZUTATEN:
- 1 Grapefruit, segmentiert
- 1 Tasse griechischer Naturjoghurt
- 1 Esslöffel Honig
- ¼ Teelöffel gemahlener Zimt

ANWEISUNGEN:

a) In einer mittelgroßen Rührschüssel griechischen Joghurt, Honig und Zimt verrühren.

b) Die Grapefruitstücke vorsichtig unterheben.

c) Mit geschnittenen Äpfeln, Birnen oder Crackern servieren.

73. Minz-Joghurt-Sauce

ZUTATEN:
- 1 Tasse griechischer Naturjoghurt
- ¼ Tasse gehackte frische Minzblätter
- 1 Knoblauchzehe, gehackt
- 1 Esslöffel Zitronensaft
- Salz und Pfeffer nach Geschmack

ANWEISUNGEN:

a) In einer Schüssel griechischen Joghurt, gehackte Minzblätter, gehackten Knoblauch und Zitronensaft verrühren, bis alles gut vermischt ist.

b) Die Minz-Joghurt-Sauce mit Salz und Pfeffer abschmecken.

c) Servieren Sie die Minz-Joghurt-Sauce als Würze zu gegrilltem Fleisch und geröstetem Gemüse oder als Dip für Pommes oder Gemüse.

HAUPTKURS

74. Hibiskus-Schwarzbohnensuppe

ZUTATEN:
- 2 Tassen gekochte schwarze Bohnen
- 4 Tassen Gemüsebrühe
- 1 Tasse gewürfelte Tomaten (aus der Dose oder frisch)
- ½ Tasse gewürfelte Paprika
- ½ Tasse gewürfelte Zwiebeln
- 2 Knoblauchzehen, gehackt
- 2 Esslöffel Olivenöl
- 2 Esslöffel Hibiskustee (stark aufgebrüht und abgekühlt)
- 1 Teelöffel gemahlener Kreuzkümmel
- ½ Teelöffel Chilipulver
- Salz und Pfeffer nach Geschmack
- Frischer Koriander zum Garnieren
- Sauerrahm oder griechischer Joghurt

ANWEISUNGEN:

a) In einem großen Topf das Olivenöl bei mittlerer Hitze erhitzen. Die gewürfelten Zwiebeln, Paprika und den gehackten Knoblauch hinzufügen.
b) Anbraten, bis die Zwiebeln glasig und die Paprikaschoten leicht weich sind.
c) Die gekochten schwarzen Bohnen, Tomatenwürfel, Gemüsebrühe, Hibiskustee, gemahlenen Kreuzkümmel und Chilipulver in den Topf geben. Zum Kombinieren gut umrühren.
d) Bringen Sie die Mischung zum Kochen, reduzieren Sie dann die Hitze und lassen Sie sie etwa 15 bis 20 Minuten köcheln, damit sich die Aromen vermischen.
e) Pürieren Sie die Suppe mit einem Stabmixer oder einem Standmixer, bis sie glatt und cremig ist. Wenn Sie einen Standmixer verwenden, arbeiten Sie in mehreren Portionen und seien Sie beim Mixen heißer Flüssigkeiten vorsichtig.
f) Die Suppe zurück in den Topf geben und mit Salz und Pfeffer abschmecken. Weitere 5 Minuten köcheln lassen.
g) Die mit Hibiskus angereicherte schwarze Bohnensuppe in Schüsseln füllen und mit frischem Koriander garnieren.
h) Fügen Sie einen Klecks saure Sahne oder griechischen Joghurt hinzu.
i) Heiß mit knusprigem Brot oder Tortillachips servieren.

75. Lammhackbraten mit Joghurtsauce

ZUTATEN:
JOGHURTSAUCE
- 1 Knoblauchzehe, fein gerieben
- 1½ Tassen griechischer Naturjoghurt
- 2 Esslöffel Olivenöl
- 2 Teelöffel frischer Zitronensaft
- 2 Teelöffel Honig
- Koscheres Salz

HACKBROT UND ZUSAMMENBAU
- Olivenöl
- 5 Frühlingszwiebeln, 3 fein gehackt, 2 diagonal in dünne Scheiben geschnitten
- 1 großes Ei
- 2 Esslöffel Tomatenmark
- 1 Teelöffel gemahlener Koriander
- 1 Teelöffel gemahlener Kreuzkümmel
- ¼ Teelöffel gemahlener Zimt
- 2 Esslöffel gehackter Koriander, plus ⅓ Tasse Korianderblätter
- 2 Esslöffel gehackte Petersilie plus ⅓ Tasse Petersilienblätter
- ½ Teelöffel heiß geräucherter spanischer Paprika
- 1½ Pfund Lammhackfleisch
- Koscheres Salz
- 1 Teelöffel frischer Zitronensaft

ANWEISUNGEN:
JOGHURTSAUCE
a) Knoblauch, Joghurt, Öl, Zitronensaft und Honig in einer kleinen Schüssel vermischen; Die Soße mit Salz abschmecken.

b) Abdecken und kalt stellen, während Sie den Hackbraten zubereiten.

HACKBROT UND ZUSAMMENBAU
c) Backofen auf 350° vorheizen. Ein Backblech mit Backpapier auslegen und leicht mit Öl bestreichen. Gehackte Frühlingszwiebeln, Ei, Tomatenmark, Koriander, Kreuzkümmel, Zimt, 2 Esslöffel gehackter Koriander, 2 Esslöffel gehackte Petersilie und ½ Teelöffel Paprika in einer mittelgroßen Schüssel vermischen.

d) Legen Sie das Lammfleisch in eine große Schüssel und drücken Sie es dann vorsichtig an den Schüsselrändern nach oben. Machen Sie mit den Fingern kleine Vertiefungen in das Fleisch und bestreuen Sie es großzügig mit Salz. Halten Sie dabei Ihre Hand über die Schüssel, damit sich das Salz gleichmäßig verteilt. Die Frühlingszwiebelmischung in die Schüssel geben und das Fleisch nach unten und über die Mischung klappen. Mit den Händen vermischen, bis es gleichmäßig verteilt ist. Übertragen Sie die Hackbratenmischung auf das vorbereitete Backblech und formen Sie sie zu einem ca. 20 x 8 cm großen Block. Bestreichen Sie den Hackbraten mit Öl und backen Sie ihn, bis der Saft austritt und ein sofort ablesbares Thermometer, das an der dicksten Stelle eingesetzt wird, 140 °C anzeigt, 35–40 Minuten.

e) Den Hackbraten aus dem Ofen nehmen und die Ofentemperatur auf 500° erhöhen. (Lassen Sie den Ofen auf Temperatur kommen, bevor Sie den Hackbraten wieder hineinschieben. Dadurch erhalten Sie eine bessere Bräunung an der Oberseite, ohne zu lange zu garen.) Backen Sie den Hackbraten etwa 5 Minuten lang, bis er oben gebräunt ist und das sofort ablesbare Thermometer 160° anzeigt. Den Hackbraten auf ein Schneidebrett legen und vor dem Schneiden 10 Minuten ruhen lassen.

f) In der Zwischenzeit geschnittene Frühlingszwiebeln, Zitronensaft, ⅓ Tasse Korianderblätter und ⅓ Tasse Petersilienblätter in einer kleinen Schüssel vermischen. Mit etwas Öl beträufeln; Mit Salz würzen und nochmals umrühren.

g) Den Joghurt auf einer Platte verteilen und die Hackbratenscheiben darauf anrichten. Mit Kräutersalat belegen und mit etwas Paprika bestreuen.

76. Lachs-Ei-Wrap

ZUTATEN:
- 2 große britische Löweneier, geschlagen
- 1 Esslöffel gehackter frischer Dill oder Schnittlauch
- Eine Prise Salz und frisch gemahlener schwarzer Pfeffer
- Ein Spritzer Olivenöl
- 2 Esslöffel fettfreier griechischer Joghurt
- Etwas abgeriebene Schale und ein Spritzer Zitronensaft
- 40 g geräucherter Lachs, in Streifen geschnitten
- Eine Handvoll Salat aus Brunnenkresse, Spinat und Rucola

ANWEISUNGEN:

a) In einem Krug Eier, Kräuter, Salz und Pfeffer verquirlen. Erhitzen Sie eine beschichtete Bratpfanne, geben Sie das Öl hinzu, gießen Sie dann die Eier hinein und kochen Sie es eine Minute lang oder bis das Ei auf der Oberseite gerade erstarrt ist.

b) Umdrehen und eine weitere Minute kochen lassen, bis der Boden goldbraun ist. Zum Abkühlen auf ein Brett legen.

c) Den Joghurt mit Zitronenschale und -saft sowie reichlich gemahlenem schwarzem Pfeffer vermischen. Den geräucherten Lachs über die Eierverpackung streuen, mit den Blättern belegen und über die Joghurtmischung träufeln.

d) Rollen Sie das Eierpapier auf und wickeln Sie es zum Servieren in Papier ein.

77. Zitronenreis mit gebratenem Lachs

ZUTATEN:
REIS
- 2 Tassen Reis
- 4 Tassen Hühnerbrühe
- ½ Teelöffel weißer Pfeffer
- ½ Teelöffel Knoblauchpulver
- 1 kleine weiße Zwiebel, fein gehackt
- 1 Teelöffel fein abgeriebene Zitronenschale
- 2 Esslöffel Zitronensaft, frisch gepresst

LACHS
- 4 Lachsfilets, Gräten entfernt
- Salz und Pfeffer nach Geschmack
- 2 Esslöffel natives Olivenöl extra

DILLSOSSE
- ½ Tasse griechischer Joghurt, fettarme Sorte
- 1 Esslöffel Zitronensaft, frisch gepresst
- 1 Esslöffel Frühlingszwiebel, fein gehackt
- 2 Esslöffel frische Dillblätter, fein gehackt
- 1 Teelöffel frische Zitronenschale

ANWEISUNGEN:

a) Alle Zutaten für die Dillsauce in einer kleinen Schüssel vermischen. Für mindestens 15 Minuten in den Kühlschrank stellen.

b) In einem mittelgroßen Topf die Hühnerbrühe zum Kochen bringen. Reis, Knoblauch, Zwiebeln und weißen Pfeffer hinzufügen und vorsichtig umrühren.

c) Decken Sie den Topf ab und kochen Sie, bis der Reis die gesamte Hühnerbrühe aufgesogen hat.

d) Sobald die Brühe vollständig aufgesogen ist, Zitronenschale und -saft hinzufügen und gut verrühren. Setzen Sie den Deckel wieder auf und kochen Sie den Reis weitere 5 Minuten.

e) In einer großen Bratpfanne Olivenöl bei schwacher Hitze erhitzen. Den Lachs vor dem Braten mit Salz und Pfeffer würzen. Den Lachs auf jeder Seite 5–8 Minuten garen oder bis der gewünschte Gargrad erreicht ist.

f) Den gebratenen Lachs mit Reis und Soße servieren.

78. Minziger Lachssalat

ZUTATEN:
- 213 Gramm roter Alaska-Lachs in Dosen
- 2 reife Avocados geschält und halbiert
- 1 Limette; entsaftet
- 25 Gramm Endivie
- 50 Gramm Gurke; geschält und gewürfelt
- ½ Teelöffel frisch gehackte Minze
- 2 Esslöffel griechischer Joghurt
- Lassen Sie die Dose Lachs abtropfen, brechen Sie den Fisch in große Flocken und legen Sie ihn beiseite.

ANWEISUNGEN:

a) Entfernen Sie die Avocadokerne. Vom abgerundeten Ende der Länge nach aufschneiden. Schneiden Sie das schmale Ende nicht vollständig durch.

b) Jede Hälfte in 5 Stücke schneiden, auf einen Servierteller legen und die Scheiben fächerförmig ausbreiten.

c) Mit Limettensaft bestreichen.

d) Den Endivien auf den Tellern anrichten und die Lachsflocken darauf legen.

e) Gurke, Minze und Joghurt vermischen. Auf den Salat gießen.

f) Sofort servieren.

79.Geschichteter Obst- und Garnelensalat

ZUTATEN:
- 1 reife Galia-Melone, geviertelt und entkernt
- 1 große reife Mango, geschält und in Scheiben geschnitten
- 200 Gramm extragroße Garnelen, aufgetaut
- 4 Esslöffel griechischer Naturjoghurt
- 1 Esslöffel Tomaten- oder sonnengetrocknetes Tomatenpüree
- 2 Esslöffel Milch
- Salz und frisch gemahlener schwarzer Pfeffer
- 2 Esslöffel frisch gehackter Koriander

ANWEISUNGEN:

a) Das Fruchtfleisch am Stück aus den Melonenvierteln lösen und der Länge nach in 4-5 Scheiben schneiden. Melone und Mangoscheiben halbkreisförmig auf vier Teller schichten.

b) Teilen Sie die Garnelen in jeden Fruchthalbkreis.

c) Mischen Sie die Zutaten für das Dressing und gießen Sie es über eine Seite der Frucht, sodass ein attraktives Muster entsteht. Mit Koriander bestreuen und bis zum Verzehr im Kühlschrank aufbewahren.

80.Gesunder Waldorfsalat mit Drachenfrüchten

ZUTATEN:
- 1 große, reife Drachenfrucht
- ⅓ Tasse 2-prozentiger griechischer Joghurt
- 2 Esslöffel Mayonnaise
- Saft einer halben Zitrone
- 1 Teelöffel Honig
- ½ Teelöffel frisch geriebener Ingwer
- ½ Teelöffel koscheres Salz
- 1 kleiner Granny-Smith-Apfel, entkernt und in ½-Zoll-Stücke geschnitten
- ½ Tasse rote kernlose Weintrauben, halbiert
- ½ Tasse frische Korianderblätter, gehackt
- ⅓ Tasse Cashewnüsse, grob gehackt
- 4 Blätter Bibb- oder Eisbergsalat

ANWEISUNGEN:

a) Die Drachenfrucht der Länge nach vierteln. Gehen Sie mit dem Finger unter die Haut, ziehen Sie sie zurück und ziehen Sie sie in einem Stück ab. Schneiden Sie jedes Viertel in ¼ Zoll dicke Dreiecke.

b) Joghurt, Mayonnaise, Zitronensaft, Honig, Ingwer und Salz in einer großen Schüssel verrühren. Fügen Sie die Äpfel, Weintrauben, ¾ der Drachenfruchtstücke und ¾ des Korianders und der Cashewnüsse hinzu. Mischen und etwa 1 Stunde im Kühlschrank lagern, bis es abgekühlt ist.

c) In jede der 4 kleinen Schüsseln ein Salatblatt geben und jeweils eine Kugel Salat darauflegen. Mit der restlichen Drachenfrucht, Koriander und Cashewnüssen garnieren.

81. Drachenfrucht- und Krabbensalat

ZUTATEN:
- 1 Drachenfrucht, gewürfelt
- ½ Pfund Krabbenfleischklumpen
- ¼ Tasse Mayonnaise
- ¼ Tasse griechischer Joghurt
- 2 Esslöffel gehackter Schnittlauch
- 1 Esslöffel Zitronensaft
- Salz und Pfeffer nach Geschmack

ANWEISUNGEN:

a) In einer mittelgroßen Schüssel Mayonnaise, griechischen Joghurt, Schnittlauch, Zitronensaft, Salz und Pfeffer vermischen.

b) Die gewürfelten Drachenfrüchte und das Krabbenfleisch vorsichtig unterheben.

c) Vor dem Servieren mindestens 30 Minuten kalt stellen.

82. Tacos mit frischen Früchten

ZUTATEN:
- Vollkorn-Tortillas (klein)
- Wasser
- Zimt
- Zucker
- Griechischer Joghurt (Vanillegeschmack)
- Frisches Obst Ihrer Wahl (gewürfelt):
- Erdbeeren
- Mangos
- Ananas
- Kiwis

ANWEISUNGEN:
a) Den Ofen auf 325 °F vorheizen.
b) Schneiden Sie mit einem runden Ausstecher aus Kunststoff kleine Kreise aus den Vollkorn-Tortillas (ca. 2 pro kleine Tortilla).
c) Legen Sie diese kleinen Tortillas auf eine Backform. Geben Sie Wasser in eine kleine Schüssel. Bestreichen Sie die Oberseite der Tortillas mit einem Backpinsel leicht mit Wasser.
d) Mischen Sie eine kleine Menge gemahlenen Zimt und Zucker in einer Schüssel. Die feuchten Tortillas mit der Zimt-Zucker-Mischung bestäuben.
e) Drapieren Sie jede Tortilla mit einer Zange einzeln über den Rost im Toaster, sodass die Seiten der Tortilla zwischen zwei Metallstangen auf dem Rost fallen.
f) Backen Sie ca. 5–7 Minuten, dabei die Tortillas regelmäßig überprüfen.
g) Heben Sie die Tortillas mit einer Zange vom Rost und legen Sie sie auf ein Kühlregal. Tortillas sollten zum Abkühlen in dieser umgedrehten Position bleiben. Dies ist der letzte Schritt bei der Bildung der Taco-Form.
h) Übertragen Sie die abgekühlten Taco-Schalen auf einen Teller und geben Sie einen Klecks griechischen Vanillejoghurt in die Tortilla-Schale. Glätten Sie mit einem Löffel den Boden und die Seiten der Schale und bedecken Sie sie.
i) Geben Sie Ihre Lieblingsfrucht in die Schale und genießen Sie!

83. Würzige Thunfisch-Bowls

ZUTATEN:
- 1 Tasse brauner Langkornreis
- 3 Esslöffel Olivenöl-Mayonnaise
- 3 Esslöffel griechischer Joghurt
- 1 Esslöffel Sriracha-Sauce oder mehr nach Geschmack
- 1 Esslöffel Limettensaft
- 2 Teelöffel natriumarme Sojasauce
- Zwei 5-Unzen-Dosen Thunfisch abgetropft und abgespült
- Koscheres Salz und frisch gemahlener schwarzer Pfeffer nach Geschmack
- 2 Tassen geriebener Grünkohl
- 1 Esslöffel geröstete Sesamkörner
- 2 Teelöffel geröstetes Sesamöl
- 1½ Tassen gewürfelte englische Gurke
- ½ Tasse eingelegter Ingwer
- 3 Frühlingszwiebeln, in dünne Scheiben geschnitten
- ½ Tasse geriebener, gerösteter Nori

ANWEISUNGEN:

a) Den Reis gemäß den Anweisungen in der Packung in 2 Tassen Wasser in einem mittelgroßen Topf kochen und beiseite stellen.

b) In einer kleinen Schüssel Mayonnaise, Joghurt, Sriracha, Limettensaft und Sojasauce verrühren. 2 Esslöffel der Mayonnaise-Mischung in eine zweite Schüssel geben, abdecken und im Kühlschrank aufbewahren. Den Thunfisch in die restliche Mayo-Mischung einrühren und vorsichtig vermischen, mit Salz und Pfeffer abschmecken.

c) In einer mittelgroßen Schüssel Grünkohl, Sesamsamen und Sesamöl vermischen und mit Salz und Pfeffer abschmecken.

d) Teilen Sie den Reis in Meal-Prep-Behälter auf. Mit Thunfischmischung, Grünkohlmischung, Gurke, Ingwer, Frühlingszwiebeln und Nori belegen. Bis zu 3 Tage im Kühlschrank lagern.

e) Zum Servieren mit der Mayonnaise-Mischung beträufeln.

NACHTISCH

84. Snickers Frozen Yogurt

ZUTATEN:
- 2 Tassen griechischer Joghurt
- ¼ Tasse Honig
- ¼ Tasse gehackte Snickers-Riegel
- ¼ Tasse geröstete Erdnüsse, gehackt

ANWEISUNGEN:

a) In einer Rührschüssel griechischen Joghurt und Honig vermischen.

b) Die gehackten Snickers-Riegel und die gerösteten Erdnüsse unterrühren.

c) Gießen Sie die Mischung in einen gefrierfesten Behälter.

d) 2-3 Stunden lang einfrieren, dabei alle 30 Minuten umrühren, um die Bildung von Eiskristallen zu verhindern.

e) Sobald es gefroren ist, lassen Sie es vor dem Servieren einige Minuten bei Raumtemperatur ruhen.

85.Limoncello-Blaubeer-Frozen-Joghurt

ZUTATEN:
- 2 Tassen griechischer Naturjoghurt
- ½ Tasse Limoncello-Likör
- ½ Tasse Honig
- 1 Esslöffel frischer Zitronensaft
- 1 Tasse frische Blaubeeren

ANWEISUNGEN:

a) In einer Rührschüssel griechischen Joghurt, Limoncello-Likör, Honig und Zitronensaft verrühren, bis alles gut vermischt ist.

b) Gießen Sie die Mischung in eine Eismaschine und rühren Sie sie gemäß den Anweisungen des Herstellers um.

c) In den letzten Minuten des Umrührens die frischen Blaubeeren hinzufügen und weiter umrühren, bis sie gleichmäßig verteilt sind.

d) Geben Sie den gefrorenen Joghurt in einen luftdichten Behälter und frieren Sie ihn weitere 2–3 Stunden lang ein, damit er fester wird.

e) Servieren Sie den gefrorenen Limoncello-Joghurt mit frischen Blaubeeren darüber.

86. Griechisches Joghurt-Marshmallow-Mousse

ZUTATEN:
- 250 g mit Wodka angereicherte Marshmallows
- 200 ml halb und halb
- ½ Tasse griechischer Joghurt
- 3 Tropfen lila Lebensmittelgel, optional
- 3 Tropfen rosafarbenes Lebensmittelgel, optional
- 3 Tropfen orangefarbenes Lebensmittelgel, optional

ANWEISUNGEN:

a) Bei schwacher Hitze die Marshmallows und je 2 Esslöffel der Hälfte in einem kleinen Topf unter ständigem Rühren langsam kochen. Sie können leicht brennen, also behalten Sie sie im Auge.

b) Wenn sie aussehen, als würden sie anbrennen, vom Herd nehmen und weiterrühren.

c) Sobald die Marshmallows geschmolzen sind und die Masse glatt ist, 5 Minuten abkühlen lassen.

d) Die restliche Hälfte und den Joghurt dazugeben und verrühren.

e) Je nach Anzahl der Schichten die Mischung auf Schüsseln verteilen und mit violettem, rosa und orangefarbenem Gel einfärben.

f) Zum Schichten die erste Schicht vorsichtig in Serviergläser füllen. 5-10 Minuten kalt stellen. Wiederholen Sie dies mit den restlichen Schichten.

g) Bis zur Verwendung im Kühlschrank aufbewahren.

87. Frühstücksbecher zum Geburtstag

ZUTATEN:
- 2 Tassen Vanillejoghurt oder griechischer Joghurt
- 1 Tasse Müsli oder Müsli Ihrer Wahl
- Frische Beeren (wie Erdbeeren, Blaubeeren oder Himbeeren)
- Geschnittene Bananen
- Schlagsahne
- Regenbogenstreusel
- Ahornsirup oder Honig (optional)

ANWEISUNGEN:
a) Geben Sie bei einzelnen Servierschüsseln oder Gläsern zunächst eine Schicht Vanillejoghurt auf den Boden.
b) Streuen Sie eine großzügige Menge Müsli oder Müsli über die Joghurtschicht.
c) Geben Sie eine Schicht frische Beeren und geschnittene Bananen über das Müsli.
d) Wiederholen Sie die Schichten, bis die Schüsseln oder Gläser gefüllt sind, und schließen Sie mit einer Schicht Joghurt darüber.
e) Belegen Sie jeden Eisbecher mit einem Klecks Schlagsahne.
f) Streuen Sie Regenbogenstreusel über die Schlagsahne, um eine festliche Note zu verleihen.
g) Wenn Sie möchten, träufeln Sie für zusätzliche Süße eine kleine Menge Ahornsirup oder Honig über den Eisbecher.
h) Mit weiteren frischen Beeren garnieren und mit einer Prise Müsli oder Müsli bestreuen.
i) Servieren Sie die Frühstücksbecher zum Geburtstag sofort und genießen Sie die köstliche Kombination aus cremigem Joghurt, knusprigem Müsli und frischen Früchten.

88.Mango- und Joghurt-Narr

ZUTATEN:
- 2 reife Mangos, geschält und gewürfelt
- 2 Esslöffel Kristallzucker
- 1 Tasse Naturjoghurt
- 1 Tasse Schlagsahne
- 1 Teelöffel Vanilleextrakt
- Frische Minzblätter zum Garnieren (optional)

ANWEISUNGEN:

a) In einem Mixer oder einer Küchenmaschine eine Mango pürieren, bis eine glatte Masse entsteht. Beiseite legen.

b) In einer Rührschüssel die gewürfelten Mangos mit dem Kristallzucker vermischen. Rühren Sie die Mangos um, um sie mit Zucker zu überziehen, und lassen Sie sie einige Minuten ruhen, damit sich der Saft entfalten kann.

c) In einer separaten Schüssel Naturjoghurt und Vanilleextrakt glatt rühren.

d) Die Schlagsahne vorsichtig unter die Joghurtmischung heben, bis alles gut vermischt ist.

e) Die pürierte Mango zur Joghurt-Sahne-Mischung geben. Schwenken Sie es vorsichtig ein, um einen Marmoreffekt zu erzielen.

f) Die Mango-Joghurt-Mischung auf Serviergläser oder Schüsseln verteilen.

g) Mit den gezuckerten Mangowürfeln belegen und gleichmäßig auf die Portionen verteilen.

h) Nach Belieben mit frischen Minzblättern garnieren.

i) Stellen Sie die Mango- und Joghurtmischung mindestens eine Stunde lang in den Kühlschrank, damit sich die Aromen vermischen und das Dessert abkühlen kann.

j) Servieren Sie die Mango und den Joghurt gekühlt.

89. Matcha-, Yuzu- und Mango-Eis am Stiel

ZUTATEN:
- 2 Teelöffel Matcha-Tee
- 1½ Tassen gefrorene Mango
- 5 kleine Minzblätter
- 1 kleiner Becher griechischer Naturjoghurt
- ½ Tasse ungesüßte Mandelmilch
- 1 Esslöffel Honig

ANWEISUNGEN:

a)   Holen Sie zunächst Ihre Eis am Stiel-Formen heraus und bereiten Sie sie zum Gebrauch vor!

b)   Alle Zutaten in einen Mixer geben und glatt rühren. Dies kann je nach Mixer einige Minuten dauern.

c)   Die Mischung in Eis am Stielformen füllen und über Nacht einfrieren.

d)   Halten Sie das Eis am nächsten Tag einige Sekunden lang unter heißes Wasser, damit es sich leichter aus der Form lösen lässt.

e)   Essen und genießen!

90. Passionsfrucht-Käsekuchen ohne Backen

ZUTATEN:
FÜR DEN KEKSBASIS
- 200 g Ingwerkekse, auch Gingersnaps genannt
- 100 g Butter

FÜR DIE KÄSEKUCHENFÜLLUNG
- 400 g Vollfetter Philadelphia-Frischkäse
- 100 g Puderzucker
- 2 Gelatineblätter der Güteklasse Platinum, verwenden Sie 3 für einen festeren Halt
- 200 ml Doppelcreme
- 100 g griechischer Joghurt
- 15 ml Limettensaft
- 2 Teelöffel Vanilleschotenpaste
- 100 ml Passionsfruchtpüree

FÜR DAS PASSIONSFRUCHTGEE-TOPPING
- 100 ml Passionsfruchtpüree
- 100 ml Passionsfruchtmark
- 75 g Puderzucker
- 2 Gelatineblätter

ANWEISUNGEN:
Keksbasis
a)   Verarbeiten Sie die Ingwerkekse in einer Küchenmaschine, bis sie wie feine Semmelbrösel aussehen.
b)   Butter schmelzen und unter die Kekskrümel rühren.
c)   Diese Mischung auf den Boden der Backform geben und glatt streichen.

KÄSEKUCHENFÜLLUNG
a)   Geben Sie 2 Gelatineblätter in eine mit kaltem Wasser gefüllte Schüssel. 5–19 Minuten einwirken lassen, bis es weich ist.
b)   Frischkäse und Zucker glatt rühren.
c)   Den griechischen Joghurt und die Vanilleschotenpaste hinzufügen und untermischen.
d)   Als nächstes erwärmen Sie das Passionsfruchtpüree und den Limettensaft zusammen in einer Pfanne, bis sie warm sind.
e)   Lassen Sie die Gelatineblätter aus dem Wasser abtropfen, geben Sie sie in die Pfanne und verrühren Sie sie, bis sie sich aufgelöst haben.

f) Schlagen Sie die Fruchtsäfte in den Käsekuchenteig – und zwar schnell, sobald die Flüssigkeit eingefüllt ist, damit er nicht anfängt, fest zu werden.

g) Die Sahne dazugeben und so lange schlagen, bis ein Löffel hineinpasst.

h) Auf den Keksboden geben und mit einem stumpfen Messer glatt streichen. 3 Stunden kalt stellen.

PASSIONSFRUCHTGEE-TOPPING

a) Die restlichen 2 Gelatineblätter in kaltes Wasser geben und weich werden lassen.

b) Geben Sie das Passionsfruchtpüree und das frische Passionsfruchtmark zusammen mit dem Zucker in einen kleinen Topf und erhitzen Sie es auf etwa 60 °C, bis sich der Zucker aufgelöst hat.

c) Die Gelatine abtropfen lassen, in die Pfanne geben und umrühren, bis sie sich auflöst.

d) Auf etwa 40 °C abkühlen lassen und dann über den Käsekuchen gießen.

e) Den Käsekuchen für weitere 3 Stunden in den Kühlschrank stellen.

91. Meeresfrüchte-Törtchen aus Alaska

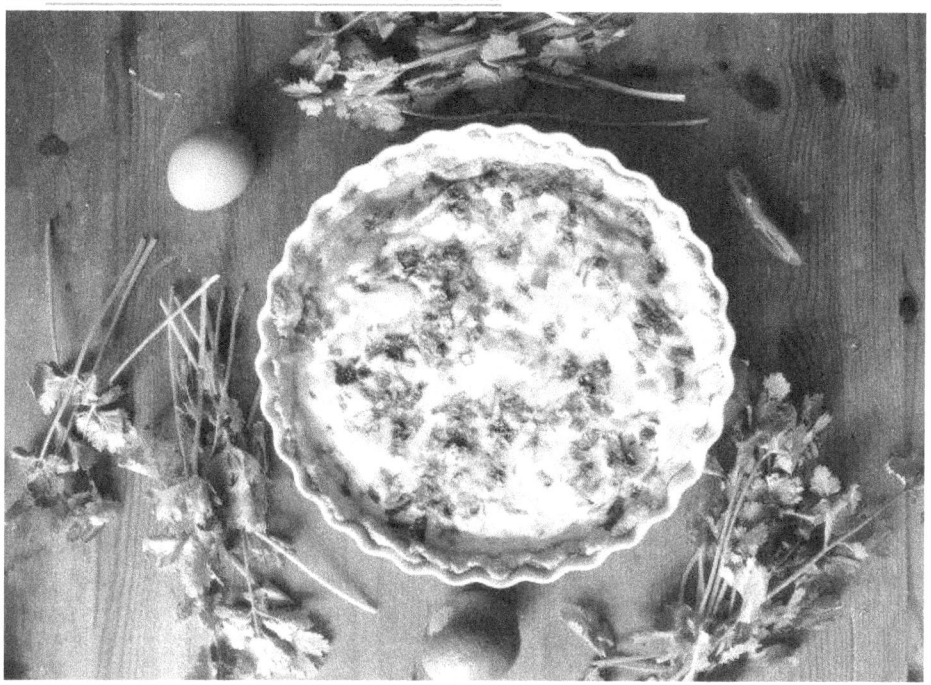

ZUTATEN:

- 418 Gramm Alaska-Lachs in Dosen
- 350 Gramm Päckchen Filoteig
- 3 Esslöffel Walnussöl
- 15 Gramm Margarine
- 25 Gramm Mehl
- 2 Esslöffel griechischer Joghurt
- 175 Gramm Meeresfrüchte-Sticks; gehackt
- 25 Gramm Walnüsse, gehackt
- 100 Gramm geriebener Parmesan

ANWEISUNGEN:

a) Jedes Filoteigblatt mit Öl bestreichen und in sechzehn 12,5 cm große Quadrate falten. Legen Sie in jede Kuchenform ein Quadrat und lassen Sie die spitzen Ecken über den Rand hinausragen.

b) Mit Öl bestreichen und dann ein zweites Teigquadrat auf das erste legen, wobei die Ecken nach oben zeigen und sich zwischen den Originalecken befinden, um einen Seeroseneffekt zu erzielen.

c) Reduzieren Sie die Ofentemperatur auf 150 °C (300 °F), Gasstufe 2. Schmelzen Sie die Margarine und rühren Sie das Mehl ein. Die Fischbrühe untermischen und gut durchrühren, um Klümpchen zu entfernen.

d) Joghurt, Meeresfrüchte-Sticks, Walnüsse und Lachsflocken unter die Soße rühren und gleichmäßig auf die 8 Teigförmchen verteilen.

e) Streuen Sie die Semmelbrösel darüber und stellen Sie es dann wieder in den Ofen, um es 5–8 Minuten lang zu erhitzen

92. Amaretti-Kekse-Eis

Ungefähr 6 Portionen

ZUTATEN:
- 500 g Karton fertiger Vanillepudding, gekühlt
- 250 g griechischer Naturjoghurt, gekühlt
- 115 g Amaretti-Kekse

ANWEISUNGEN:

a) Vanillesoße und Joghurt in einen großen Krug geben und mit einem Schneebesen gut verrühren.

b) Zerkleinern Sie die Amaretti-Kekse zu feinen Krümeln (verwenden Sie eine Küchenmaschine oder einen Mixer oder geben Sie sie einfach in eine Plastiktüte und zerdrücken Sie sie vorsichtig mit einem Nudelholz).

c) Rühren Sie die Kekskrümel unter die Vanillepudding-Joghurt-Mischung.

d) Geben Sie die Mischung in die Eismaschine und gefrieren Sie sie gemäß den Anweisungen.

e) In einen geeigneten Behälter umfüllen und einfrieren, bis es benötigt wird.

93. Griechisches Affogato

ZUTATEN:
- 1 Kugel griechisches Joghurt-Gelato oder gefrorener Joghurt
- 1 Schuss Ouzo (Likör mit Anisgeschmack)
- 1 Schuss Espresso
- Honig

ANWEISUNGEN:

a) Geben Sie eine Kugel griechisches Joghurt-Gelato oder gefrorenen Joghurt in ein Servierglas.

b) Gießen Sie einen Schuss Ouzo über das Gelato.

c) Fügen Sie einen Schuss heißen Espresso hinzu.

d) Mit Honig beträufeln.

e) Sofort servieren und die griechisch inspirierte Kombination aus Joghurt, Anis und Espresso genießen.

94. Goldenes Feigeneis mit Rum

ZUTATEN:

- 150 g verzehrfertige getrocknete Feigen
- 250 g Karton Mascarpone-Käse
- 200g Karton griechischer Joghurt
- 2 Esslöffel heller Muscovado-Zucker
- 2 Esslöffel dunkler Rum

ANWEISUNGEN:

a) Geben Sie die Feigen in eine Küchenmaschine oder einen Mixer. Mascarpone, Joghurt, Zucker und Rum hinzufügen. Alles glatt rühren, bei Bedarf die Seiten abkratzen.

b) Abdecken und etwa 30 Minuten im Kühlschrank lagern, bis es abgekühlt ist.

c) Geben Sie die Mischung in die Eismaschine und gefrieren Sie sie gemäß den Anweisungen.

d) In einen geeigneten Behälter umfüllen und einfrieren, bis es benötigt wird.

95.Orangenlikör und Rosenwassereis

ZUTATEN:
- 200g Karton griechischer Joghurt, gekühlt
- 284-ml-Karton Doppelrahm, gekühlt
- 85 g Puderzucker
- 4 Esslöffel Orangenlikör
- 1 Esslöffel Orangenblütenwasser
- 1 Esslöffel Rosenwasser
- 1 kleine Limette

ANWEISUNGEN:
a) Joghurt und Sahne in einen großen Krug geben.
b) Mit einem Schneebesen Zucker, Likör, Orangenblütenwasser und Rosenwasser einrühren.
c) Die Limette halbieren und den Saft auspressen. In den Krug einrühren.
d) Abdecken und 20–30 Minuten kühl stellen, bis es gut abgekühlt ist.
e) Geben Sie die Mischung in die Eismaschine und gefrieren Sie sie gemäß den Anweisungen.
f) In einen geeigneten Behälter umfüllen und einfrieren, bis es benötigt wird.

96. Griechischer Joghurt Panna Cotta mit Dattelpüree

ZUTATEN:
FÜR PANNA COTTA:
- 1 Tasse Sahne
- 1/3 Tasse Zucker
- 1/8 TL Salz
- 1 TL Vanilleextrakt
- 1 Umschlag geschmacksneutrale Gelatine
- 2 Tassen griechischer Joghurt

FÜR Dattelpüree:
- 2 Tassen Datteln (entkernen und in Wasser einweichen, dann im Mixer eine Paste herstellen)
- Zucker schmecken
- 1 EL Maisstärke

ANWEISUNGEN:
a) In einer kleinen Schüssel 1 Umschlag Gelatine mit 3 Esslöffeln Wasser vermischen und 5 Minuten ruhen lassen.
b) In einem Topf Sahne, Zucker, Salz und Vanilleextrakt vermischen. Kochen Sie es etwa 5 Minuten lang (unter ständigem Rühren) bei mittlerer Hitze, bis sich der Zucker vollständig aufgelöst hat. Sie müssen es nicht zum Kochen bringen, sondern nur ausreichend erhitzen, um alle Zutaten zu vermischen.
c) Schalten Sie den Herd aus, geben Sie die aufgelöste Gelatine hinzu und verrühren Sie alles, bis alles gut vermischt ist.
d) Fügen Sie 2 Tassen griechischen Joghurt hinzu und rühren Sie alles gut um, bis eine glatte Konsistenz entsteht.
e) Teilen Sie diese Mischung auf 4 Gläser auf und stellen Sie sie einige Stunden lang in den Kühlschrank.

DATTELPÜREE:
f) In einem Topf Datteln und Püreezucker vermischen, zum Kochen bringen und etwa 3-4 Minuten kochen lassen.
g) Speisestärke mit 3 EL Wasser verrühren und in die Soße geben. Rühren Sie es eine Minute lang gut um und schalten Sie dann die Hitze aus. Lassen Sie die Sauce abkühlen und geben Sie sie dann auf die gekühlte Panna Cotta.
h) Mit Plastikfolie abdecken und noch ein paar Stunden im Kühlschrank lagern.
i) Vor dem Servieren das Dessert mit gehackten Datteln und Minzblättern belegen.

97. Açaí-Eis am Stiel

ZUTATEN:
- 3½-4 Tassen frische gemischte Beeren, Erdbeeren, Himbeeren, Blaubeeren und Brombeeren
- ¾ Tasse griechischer Naturjoghurt oder Vanille-Joghurt
- ½ Tasse Milch
- ¼ Tasse Rohrzucker oder Zuckerersatz
- 2 Esslöffel Açaí-Pulver oder 1 Päckchen gefrorenes Açaí

ANWEISUNGEN:

a) Bereiten Sie Obst durch Waschen vor. Schneiden Sie die Stiele der Erdbeeren ab.

b) Geben Sie Beeren, Joghurt, Milch, Zucker und Açaí-Pulver in einen Hochgeschwindigkeitsmixer. Mixen, bis eine glatte Masse entsteht und die Kerne etwa 2 Minuten lang zerfallen.

c) In Eis am Stielformen füllen. Stecken Sie Eis am Stiel in die Mitte jeder Form.

d) Einfrieren, bis es vollständig gefroren ist.

e) Das Eis am Stiel aus der Form nehmen und servieren.

f) Im Gefrierschrank in einem luftdichten Behälter oder Ziploc bis zu 3 Monate lagern.

98. Knusprige Joghurt-Bonbon-Pops

ZUTATEN:

- 1 Tasse guter dicker Honig
- 3 Tassen dicker griechischer Joghurt
- 1 Tasse Sahne, leicht geschlagen
- 1 Teelöffel reiner Vanilleextrakt
- Süßigkeitenstreusel

ANWEISUNGEN:

a) Erwärmen Sie den Honig ganz leicht, damit er weicher wird. Joghurt, Schlagsahne und Vanille einrühren und zum Einfrieren in einen flachen Behälter gießen, dabei ein- oder zweimal mit einer Gabel umrühren. 1 Stunde lang einfrieren, mit einer Gabel aufbrechen und eine weitere Stunde lang einfrieren, bis es fest, aber löffelbar ist.

b) Ein Blech mit Antihaftpapier auslegen. Platzieren Sie Keksausstecher in Tierform oder andere Formen auf der Form und füllen Sie sie mit der Eiscreme. Achten Sie dabei darauf, dass der Rand eben ist.

c) Schnell wieder für 1 bis 2 Stunden in den Gefrierschrank stellen, bis es richtig fest ist.

d) Zum Servieren das Eis vorsichtig aus den Formen auf einen eiskalten Teller schieben. Warten Sie 1 bis 2 Minuten, bis die Oberfläche weich wird.

e) Tauchen Sie sie dann mit einem oder zwei Holzspießen auf einer oder beiden Seiten in eine Schüssel mit Streuseln. Stellen Sie sie sofort wieder in den Gefrierschrank, da sie sonst sehr schnell zu schmelzen beginnen.

f) Zum Servieren jeweils einen Eisstiel hineinstecken.

99.Himbeer-Joghurt-Eis am Stiel

ZUTATEN:
- 1 Tasse frische Himbeeren
- ½ Tasse griechischer Vanillejoghurt
- ¼ Tasse Honig
- ¼ Tasse Mandelmilch

ANWEISUNGEN:

a) In einem Mixer Himbeeren, griechischen Joghurt, Honig und Mandelmilch vermischen. Alles glatt rühren.

b) Gießen Sie die Mischung in Eis am Stiel-Formen und lassen Sie oben etwas Platz zum Ausdehnen.

c) Setzen Sie die Eisstiele ein und frieren Sie sie mindestens 4 Stunden lang oder bis sie vollständig gefroren sind ein.

d) Um das Eis am Stiel aus den Formen zu lösen, halten Sie es einige Sekunden lang unter warmes Wasser, bis es sich leicht lösen lässt.

100. Kürbiskuchen-Käsekuchenschalen

ZUTATEN:
- 4 Unzen Frischkäse, weich
- 1 Tasse griechischer Naturjoghurt, plus etwas mehr zum Garnieren
- 1 Tasse Kürbispüree
- ¼ Tasse Ahornsirup
- 1 Teelöffel Vanilleextrakt
- 2 Teelöffel gemahlener Zimt
- 1 Teelöffel gemahlener Ingwer
- ½ Teelöffel gemahlene Muskatnuss
- Feines Meersalz
- 1 Tasse Müsli
- Geröstete Kürbiskerne
- Gehackte Pekannüsse
- Granatapfelkerne
- Kakao Nibs

ANWEISUNGEN:

a) Frischkäse, Joghurt, Kürbispüree, Ahornsirup, Vanille, Gewürze und eine Prise Salz in die Schüssel einer Küchenmaschine oder eines Mixers geben und glatt und cremig verarbeiten. In eine Schüssel umfüllen, abdecken und mindestens 4 Stunden im Kühlschrank ruhen lassen.

b) Zum Servieren das Müsli auf Dessertschalen verteilen. Mit der Kürbismischung, einem Klecks griechischem Joghurt, Kürbiskernen, Pekannüssen, Granatapfelkernen und Kakaonibs belegen.

c) Den Farro, 1¼ Tassen Wasser und eine großzügige Prise Salz in einen mittelgroßen Topf geben. Zum Kochen bringen, dann die Hitze reduzieren, abdecken und ca. 30 Minuten köcheln lassen, bis der Farro leicht gekaut ist.

d) Den Zucker, die restlichen 3 Esslöffel Wasser, die Vanilleschote und das Mark sowie den Ingwer in einem kleinen Topf bei mittlerer bis hoher Hitze vermischen. Unter Rühren zum Kochen bringen, bis sich der Zucker aufgelöst hat. Vom Herd nehmen und 20 Minuten ziehen lassen. Bereiten Sie in der Zwischenzeit das Obst vor.

e) Schneiden Sie die Enden der Grapefruit ab. Mit der Schnittseite nach unten auf eine ebene Arbeitsfläche legen. Schneiden Sie mit einem scharfen Messer die Schale und die weiße Haut ab und folgen Sie dabei der Krümmung der Frucht von oben nach unten. Schneiden Sie zwischen den Fruchthäuten hindurch, um die Fruchtsegmente zu entfernen. Wiederholen Sie den gleichen Vorgang, um die Blutorange zu schälen und zu segmentieren.

f) Entfernen Sie den Ingwer und die Vanilleschote aus dem Sirup und entsorgen Sie sie. Zum Servieren den Farro auf Schüsseln verteilen. Ordnen Sie die Früchte oben auf der Schüssel an, bestreuen Sie sie mit Granatapfelkernen und beträufeln Sie sie anschließend mit Ingwer-Vanille-Sirup.

ABSCHLUSS

Am Ende dieser mit Joghurt gefüllten Reise hoffen wir, dass die in diesem Kochbuch vermittelten Rezepte und Kenntnisse Sie dazu inspiriert haben, die Magie des griechischen Joghurts in Ihrer eigenen Küche zu genießen. Die Möglichkeiten mit griechischem Joghurt sind endlos und wir ermutigen Sie, weiter zu experimentieren und neue Geschmackskombinationen zu entdecken.

Egal, ob Sie griechischen Joghurt in eine cremige Nudelsauce einrühren, ihn als Ersatz für saure Sahne in Ihren Lieblingsrezepten verwenden oder ihn zu einem erfrischenden Smoothie mixen, denken Sie daran, dass griechischer Joghurt jedem Gericht sowohl Cremigkeit als auch einen Nährwert verleiht.

Wir hoffen, dass „The Yogurt Odyssey: Exploring the Delights of Greek Yogurt" Ihre Fantasie angeregt und Sie dazu befähigt hat, Ihre Mahlzeiten mit der Güte des griechischen Joghurts zu verfeinern. Ganz gleich, ob Sie ein erfahrener Koch oder ein Joghurt-Enthusiast sind, möge dieses Kochbuch eine Quelle der Inspiration und Freude sein, wenn Sie sich auf unzählige köstliche Abenteuer begeben.

Sammeln Sie also Ihre Zutaten, genießen Sie die Cremigkeit des griechischen Joghurts und lassen Sie Ihre Geschmacksknospen auf eine köstliche Geschmacksodyssee eintauchen. Genießen Sie bei jedem Gericht, das Sie kreieren, die Freude, neue kulinarische Möglichkeiten zu entdecken und Ihren Körper mit gesunden, köstlichen Speisen zu nähren. Viel Spaß beim Kochen!

www.ingramcontent.com/pod-product-compliance
Lightning Source LLC
LaVergne TN
LVHW021706060526
838200LV00050B/2527